ARBEITSTEXTE FÜR DEN UNTERRICHT

Deutsche Liebesgedichte

Für die Sekundarstufe herausgegeben
von Siegfried Braun
und Hans Lobentanzer

Philipp Reclam jun. Stuttgart

RECLAMS UNIVERSAL-BIBLIOTHEK Nr. 9590

Gesamtherstellung: Reclam, Ditzingen. Printed in Germany 2006

ISBN-13: 978-3-15-009590-4
ISBN-10: 3-15-009590-5

www.reclam.de

Inhalt

I. Vorwort

»Warum solltest du ihr zärtliche Verse senden? Ach, ein Gedicht steht nicht hoch in Kurs. Über solche Liedchen äußert man sich befriedigt, doch in Wirklichkeit rechnet man mit ansehnlichen Geschenken: Hauptsache, er ist reich – dann findet selbst der ungehobeltste Liebhaber Gefallen!« Daß ideelle Werte nichts mehr gelten – diese Klage kommt bereits dem Römer Publius Ovidius Naso zur Zeit des Kaisers Augustus wie selbstverständlich über die Lippen (*Ars amatoria* II,273 ff.). Demgegenüber stellt bis heute gerade die Liebeslyrik – neben der Naturlyrik – für viele den Inbegriff aller Dichtung dar. Unzählige Verliebte haben sich darin ganz privat versucht, die veröffentlichten Anthologien bilden eine schier endlose Reihe.
Liebeslyrik als Unterrichtsthema? Sicher wird man Schüler nicht unbedingt dazu bringen wollen, eigene Gedichte zu verfassen. Die Beispiele von »Primanerlyrik« am Ende unserer Textsammlung regen aber vielleicht dazu an, gemeinsam über solche Versuche zu sprechen. In erster Linie freilich soll durch diese Sammlung ein Zugang zur lyrischen Dichtung überhaupt geboten werden; denn die Geschichte des deutschen Liebesgedichts ist fast identisch mit der Geschichte der deutschen Lyrik. Die Auswahl, in der repräsentative Liebesgedichte vom Mittelalter bis zur Gegenwart für den Unterricht zusammengestellt sind, enthält auch Beispiele für Sentimentales und »Kitschiges«; Parodien hätten jedoch den engen Rahmen einer handlichen, preisgünstigen Textsammlung gesprengt. In einem Arbeitsteil wurde der Versuch gemacht, Motive und Themen systematisch zu erfassen. Erschließungsfragen sollen Wege zur Analyse aufzeigen; vollständige Interpretationen zu bieten war nicht unsere Absicht.
Die Gedichte sind chronologisch (nach dem Geburtsjahr der Verfasser) geordnet – mit einer Ausnahme: Marianne Willemer mußte, auch wenn sie 35 Jahre jünger war, unmittelbar hinter Goethe stehen.

II. Texte

1. Anonym: Dû bist mîn, ich bin dîn

Dû bist mîn, ich bin dîn:
des solt dû gewis sîn.
dû bist beslozzen
in mînem herzen:
verlorn ist das slüzzelîn:
dû muost immer drinne sîn.

Du bist mein, ich bin dein:
dessen sollst du gewiß sein.
Du bist verschlossen
in meinem Herzen:
verloren ist das Schlüsselein:
du mußt für immer drinnen sein.
(Max Wehrli)

2. Dietmar von Eist: Slâfst du, friedel ziere

»Slâfst du, friedel ziere?
man weckt uns leider schiere:
ein vogellîn sô wol getân
daz ist der linden an daz zwî gegân.«

»Ich was vil sanfte entslâfen:
nu rüefstu kint wâfen.
liep âne leit mac niht gesîn.
swaz du gebiutst, daz leiste ich, friundin mîn.«

Diu frouwe begunde weinen.
»du rîtst und lâst mich eine.
wenne wilt du wider her zuo mir?
owê du füerst mîn fröide sament dir!«

»Schläfst du, mein schöner Liebster?
Bald wird man uns leider wecken.
Ein Vögelchen, ein wohlgestaltes,
ist auf der Linde Zweig gekommen.«

»Ich war sanft eingeschlafen:
nun rufst du, Kind, mich auf!
Lieb ohne Leid, das kann nicht sein.
Was immer du befiehlst, das tu ich, meine Freundin.«

Die Frau begann zu weinen.
»Du reitest und läßt mich allein.
Wann willst du wieder her zu mir?
O weh, du nimmst mein Glück zugleich mit dir!«
(Max Wehrli)

3. Heinrich von Morungen: Frouwe, wilt du mich genern

Frouwe, wilt du mich genern,
sô sich mich ein vil lützel an.
in mac mich langer niht erwern,
den lîp muoz ich verloren hân.
ich bin siech, mîn herze ist wunt.
frouwe, daz hânt mir getân
mîn ougen und dîn rôter munt.

Frouwe, mîne swêre sich,
ê ich verliese mînen lîp.
ein wort du sprêche wider mich:
verkêre daz, du sêlic wîp!
sprichest iemer neinâ nein
neinâ neinâ neinâ nein,
daz brichet mir mîn herze enzwein.
maht du doch etswan sprechen jâ,
ja jâ ja jâ ja jâ jâ?
daz lît mir an dem herzen nâ.

Herrin, willst du hold mir sein,
so sieh mich nur ein wenig an,
sonst erlieg ich meiner Pein,
daß ich nicht länger leben kann.
Ich bin siech, mein Herz ist wund.
Frau, das haben mir getan
meine Augen und dein roter Mund.

Herrin, sieh, was mich beschwert,
bevor ich ganz verloren bin.
Weh des Worts, das mich versehrt!
Verwandle gnädig seinen Sinn!
Immer sprichst du nein, nein, nein,
nein, ach nein, ach nein, ach nein,
das will mir noch das Herz entzwein.
Sprich, o sprich noch einmal ja,
ja, ja, ja, ja, ja, ja, ja!
Nur das liegt meinem Herzen nah.

(Kurt Erich Meurer)

4. Walther von der Vogelweide: Under der linden

»Under der linden
an der heide,
dâ unser zweier bette was,
dâ mugt ir vinden
schône beide
gebrochen bluomen unde gras.
Vor dem walde in einem tal,
tandaradei,
schône sanc diu nahtegal.

Ich kam gegangen
zuo der ouwe:
dô was mîn friedel komen ê.
Dâ wart ich enpfangen,
hêre frouwe,
daz ich bin sælic iemer mê.

Kuste er mich? wol tûsentstunt:
tandaradei,
seht wie rôt mir ist der munt.

Dô het er gemachet
alsô rîche
von bluomen eine bettestat.
Des wirt noch gelachet
inneclîche,
kumt iemen an daz selbe pfat.
Bî den rôsen er wol mac,
tandaradei,
merken wâ mirz houbet lac.

Daz er bî mir læge,
wessez iemen
(nu enwelle got!), sô schamt ich mich.
Wes er mit mir pflæge,
niemer niemen
bevinde daz wan er und ich –
Und ein kleinez vogellîn,
tandaradei,
daz mac wol getriuwe sîn.«

»Unter der Linde
auf der Heide,
wo unser beider Lager war,
da kann man sehn
liebevoll gebrochen
Blumen und Gras.
Vor dem Wald in einem Tal
tandaradei
sang schön die Nachtigall.

Ich kam gegangen
zu der Wiese,
da war mein Liebster schon vor mir gekommen.
Da wurde ich empfangen
– Heilige Jungfrau! –
daß es mich immer glücklich machen wird.

Ob er mich küßte? Wohl tausendmal,
tandaradei,
seht wie rot mein Mund ist.

Da hatte er bereitet
in aller Pracht
von Blumen ein Lager.
Daran wird sich freuen
von Herzen,
wer daran vorübergeht.
An den Rosen kann er noch
– tandaradei –
sehen wo mein Kopf lag.

Daß er bei mir lag,
wüßte es jemand
(da sei Gott vor!), so schämte ich mich.
Was er tat mit mir,
niemals soll jemand
das erfahren als er und als ich –
und die liebe Nachtigall,
tandaradei;
die wird gewiß verschwiegen sein.«

(Peter Wapnewski)

5. Martin Opitz: Ach Liebste / laß uns eilen

Ach Liebste / laß uns eilen /
  Wir haben Zeit:[1]
Es schadet das verweilen
  Uns beyderseit.
Der edlen Schönheit Gaben
  Fliehn fuß für fuß:
Das alles was wir haben
  Verschwinden muß.

1. es eilt.

Der Wangen Ziehr verbleichet /
  Das Haar wird greiß /
Der Augen Fewer weichet /
  Die Brunst wird Eiß.
Das Muͤndlein von Corallen
  Wird ungestalt /
Die Haͤnd' als Schnee verfallen /
  Und du wirst alt.
Drumb laß uns jetzt geniessen
  Der Jugend Frucht /
Eh' als wir folgen muͤssen
  Der Jahre Flucht.
Wo du dich selber liebest /
  So liebe mich /
Gieb mir / das / wann du giebest /
  Verlier auch ich.

[2]6. *Christian Hofmann von Hofmannswaldau: Beschreibung vollkommener Schönheit*

Ein Haar, so kühnlich Trotz der Berenike[3] spricht,
Ein Mund, der Rosen führt und Perlen in sich heget,
Ein Zünglein, so ein Gift vor tausend Herzen träget,
Zwo Brüste, wo Rubin durch Alabaster bricht,

Ein Hals, der Schwanenschnee weit, weit zurücke sticht,
Zwei Wangen, wo die Pracht der Flora[4] sich beweget,
Ein Blick, der Blitze führt und Männer niederleget,
Zwei Arme, deren Kraft oft Leuen hingericht't,

2. Die historische Orthographie ist im folgenden, zur Erleichterung der Lektüre, in allen Fällen modernisiert; die originale Interpunktion der Gedichte blieb gewahrt.
3. Berenike, die Gemahlin des ägyptischen Königs Ptolemäus III. (246–221 v. Chr.), weihte ihr schönes Haar der Aphrodite für die glückliche Heimkehr ihres Gatten aus einem Krieg. Es wurde der Sage nach aus dem Tempel von den Göttern in den Himmel entführt (Sternbild der Berenike).
4. röm. Frühlings- und Blumengöttin.

Ein Herz, aus welchem nichts als mein Verderben quillet,
Ein Wort, so himmlisch ist und mich verdammen kann,
Zwei Hände, derer Grimm mich in den Bann getan

Und durch ein süßes Gift die Seele selbst umhüllet,
Ein Zierat, wie es scheint, im Paradies gemacht,
Hat mich um meinen Witz und meine Freiheit bracht.

7. Anonym: Willst du dein Herz mir schenken

Willst du dein Herz mir schenken,
So fang es heimlich an,
Daß unser beider Denken
Niemand erraten kann.
Die Liebe muß uns beiden
Allzeit verschwiegen sein,
Drum schließ die größten Freuden
Im innern Herzen ein.

Behutsam sei und schweige
Und traue keiner Wand,
Lieb innerlich und zeige
Dich außen unbekannt.
Kein Argwohn mußt du geben,
Verstellung nötig ist,
Genug, daß du, mein Leben,
Der Treu versichert bist.

Begehre keine Blicke
Von meiner Liebe nicht.
Der Neid hat viele Tücke
Auf unsern Bund gericht!
Du mußt die Brust verschließen,
Halt deine Neigung ein,
Die Lust, die wir genießen,
Muß ein Geheimnis sein.

Zu frei sein, sich ergehen,
Hat oft Gefahr gebracht.
Man muß sich wohl verstehen,
weil ein falsch Auge wacht.
Du mußt den Spruch bedenken,
Den ich vorher getan:
Willst du dein Herz mir schenken,
So fang es heimlich an.

8. Friedrich von Hagedorn: Die Küsse

Als sich aus Eigennutz Elisse
Dem muntern Coridon ergab,
Nahm sie für einen ihrer Küsse
Ihm anfangs dreißig Schäfchen ab.

Am andern Tag erschien die Stunde,
Daß er den Tausch viel besser traf.
Sein Mund gewann von ihrem Munde
Schon dreißig Küsse für ein Schaf.

Der dritte Tag war zu beneiden:
Da gab die milde Schäferin
Um einen neuen Kuß mit Freuden
Ihm alle Schafe wieder hin.

Allein am vierten ging's betrübter,
Indem sie Herd' und Hund verhieß
Für einen Kuß, den ihr Geliebter
Umsonst an Doris überließ.

9. Johann Elias Schlegel: Liebe im Herzen

Eine Glut, die ich nicht kannte,
Taten meine Lippen kund:
Und obgleich das Herz nicht brannte,
Brannte doch der leichte Mund.

Aber die verlachte Liebe,
Der dies Scherzen nicht gefiel,
Unterbrach die falschen Triebe
Und dies lügenhafte Spiel.

Sie gebot dem Munde Schweigen,
Und dem Herzen gab sie Glut.
Wahre Flammen wollt' ich zeigen:
Aber da gebrach der Mut.

Wozu sollt der Mund nun taugen?
Meine Sprach' ist zitternsvoll
Und entfliehet in die Augen,
Wenn die Zunge reden soll.

10. Johann Peter Uz: Ein Traum

O Traum, der mich entzücket!
Was hab ich nicht erblicket!
Ich warf die müden Glieder
In einem Tale nieder,
Wo einen Teich, der silbern floß,
Ein schattiges Gebüsch umschloß.

Da sah ich durch die Sträuche
Mein Mädchen bei dem Teiche;
Das hatte sich, zum Baden,
Der Kleider meist entladen
Bis auf ein untreu weiß Gewand,
Das keinem Lüftchen widerstand.

Der freie Busen lachte,
Den Jugend reizend machte.
Mein Blick blieb sehnend stehen
Bei diesen regen Höhen,
Wo Zephyr[5] unter Lilien blies
Und sich die Wollust greifen ließ!

Sie fing nun an, o Freuden!
Sich vollends auszukleiden;
Doch ach! indem's geschiehet,
Erwach ich und sie fliehet.
O schlief ich doch von neuem ein!
Nun wird sie wohl im Wasser sein!

11. Friedrich Gottlieb Klopstock: Das Rosenband

Im Frühlingsschatten fand ich sie;
Da band ich sie mit Rosenbändern:
Sie fühlt' es nicht und schlummerte.

Ich sah sie an; mein Leben hing
Mit diesem Blick an ihrem Leben:
Ich fühlt' es wohl und wußt' es nicht.

Doch lispelt' ich ihr sprachlos zu
Und rauschte mit den Rosenbändern:
Da wachte sie vom Schlummer auf.

Sie sah mich an; ihr Leben hing
Mit diesem Blick an meinem Leben,
Und um uns ward's Elysium.

5. auch: Zephir, griech., (Gott des) Westwind(es).

12. Johanne Charlotte Unzer: Unterschied im Antworten

Mägdchen! Wenn die Männer schrein:
Kommt und laßt euch zärtlich küssen:
Wißt ihr, was wir sagen müssen?
Nein!

Fiel' es einem etwan ein,
Einen Blick von uns zu wollen:
Wißt ihr, was wir sagen sollen?
Nein!

Sollt' ein Mann so dreiste sein,
Und nach dem und dem gelüsten:
Wißt ihr, was wir sagen müssen?
Nein!

Käm' ein Herr, voll Lieb und Wein,
Einen Tanz uns vorzuschlagen:
Wißt ihr, was wir müßten sagen?
Nein!

Aber stünd' ein Jüngling da,
Gar die Eh' uns anzutragen;
Wißt ihr, was wir müßten sagen?
Ja!

13. Christian Felix Weiße: Der Kuß

Ich war bei Chloen ganz allein,
Und küssen wollt' ich sie;
Jedoch sie sprach, sie würde schrein,
Es sei vergebne Müh'.

Ich wagt' es doch, und küßte sie
Trotz ihrer Gegenwehr.
Und schrie sie nicht? Jawohl, sie schrie, –
Doch lange hinterher.

14. Gotthold Ephraim Lessing: Die Liebe

Ohne Liebe
Lebe, wer da kann!
Wenn er auch ein Mensch schon bliebe,
Bleibt er doch kein Mann.

Süße Liebe,
Mach mein Leben süß!
Stille nie die regen Triebe
Sonder Hindernis.

Schmachten lassen
Sei der Schönen Pflicht!
Nur uns ewig schmachten lassen,
Dieses sei sie nicht.

15. Christian Friedrich Daniel Schubart: Die Forelle

In einem Bächlein helle,
da schoß in froher Eil'
die launische Forelle
vorüber wie ein Pfeil.
Ich stand an dem Gestade
und sah in süßer Ruh'
des muntern Fisches Bade
im klaren Bächlein zu.

Ein Fischer mit der Rute
wohl an dem Ufer stand
und sah's mit kaltem Blute,
wie sich das Fischlein wand.
Solang dem Wasser Helle,
so dacht' ich, nicht gebricht,
so fängt er die Forelle
mit seiner Angel nicht.

Doch plötzlich ward dem Diebe
die Zeit zu lang. Er macht
das Bächlein tückisch trübe,
und eh' ich es gedacht,
so zuckte seine Rute,
das Fischlein zappelt' dran.
Und ich mit regem Blute
sah die Betrogne an.

Die ihr am goldnen Quelle
der sichern Jugend weilt,
denkt doch an die Forelle!
Seht die Gefahr, so eilt!
Meist fehlt ihr nur aus Mangel
der Klugheit. Mädchen, seht
Verführer mit der Angel! –
Sonst blutet ihr zu spät.

16. Johann Georg Jacobi: Abend

Komm, Liebchen, es neigen
die Wälder sich dir,
und alles mit Schweigen
erwartet dich hier.

Der Himmel, ich bitte,
von Wölkchen wie leer!
Der Mond in der Mitte,
die Sternlein umher!

Der Himmel im glatten
umdämmerten Quell!
Dies Plätzchen im Schatten,
dies andre so hell!

Im Schatten der Liebe
dich lockendes Glück,
dir flüsternd: es bliebe
noch vieles zurück –

Es blieben der süßen
Geheimnisse viel;
so festes Umschließen;
so wonniges Spiel!

Da rauscht es! Da wanken
auf jeglichem Baum
die Äste, da schwanken
die Vögel im Traum.

Dies Wanken, dies Zittern
der Blätter im Teich –
o Liebe! dein Wittern!
o Liebe! dein Reich!

17. Johann Wolfgang Goethe: Mit einem gemalten Band

Kleine Blumen, kleine Blätter
Streuen mir mit leichter Hand
Gute junge Frühlingsgötter
Tändelnd auf ein luftig Band.

Zephir[6], nimm's auf deine Flügel,
Schling's um meiner Liebsten Kleid!
Und so tritt sie vor den Spiegel
All in ihrer Munterkeit.

Sieht mit Rosen sich umgeben,
Selbst wie eine Rose jung:
Einen Blick, geliebtes Leben!
Und ich bin belohnt genung.

Fühle, was dies Herz empfindet,
Reiche frei mir deine Hand,
Und das Band, das uns verbindet,
Sei kein schwaches Rosenband!

18. Johann Wolfgang Goethe: Maifest

Kreuzreim

Wie herrlich leuchtet
Mir die Natur!
Wie glänzt die Sonne!
Wie lacht die Flur!

Es dringen Blüten
Aus jedem Zweig
Und tausend Stimmen
Aus dem Gesträuch

Und Freud' und Wonne
Aus jeder Brust.
O Erd', o Sonne,
O Glück, o Lust,

O Lieb', o Liebe,
So golden schön
Wie Morgenwolken
Auf jenen Höhn,

6. Siehe Anm. 5, S. 16.

Du segnest herrlich
Das frische Feld –
Im Blütendampfe
Die volle Welt!

O Mädchen, Mädchen,
Wie lieb ich dich!
Wie blinkt dein Auge,
Wie liebst du mich!

So liebt die Lerche
Gesang und Luft,
Und Morgenblumen
Den Himmelsduft,

Wie ich dich liebe
Mit warmem Blut,
Die du mir Jugend
Und Freud' und Mut

Zu neuen Liedern
Und Tänzen gibst.
Sei ewig glücklich,
Wie du mich liebst.

sie ist seine Muse

19. Johann Wolfgang Goethe: Heidenröslein

Sah ein Knab' ein Röslein stehn,
Röslein auf der Heiden,
War so jung und morgenschön,
Lief er schnell, es nah zu sehn,
Sah's mit vielen Freuden.
Röslein, Röslein, Röslein rot,
Röslein auf der Heiden.

Knabe sprach: Ich breche dich,
Röslein auf der Heiden!
Röslein sprach: Ich steche dich,
Daß du ewig denkst an mich,
Und ich will's nicht leiden.
Röslein, Röslein, Röslein rot,
Röslein auf der Heiden.

Und der wilde Knabe brach
's Röslein auf der Heiden;
Röslein wehrte sich und stach,
Half ihm doch kein Weh und Ach,
Mußt' es eben leiden.
Röslein, Röslein, Röslein rot,
Röslein auf der Heiden.

20. Johann Wolfgang Goethe: Römische Elegien (V)

Froh empfind ich mich nun auf klassischem Boden begeistert,
Vor- und Mitwelt spricht lauter und reizender mir.
Hier befolg ich den Rat, durchblättre die Werke der Alten
Mit geschäftiger Hand, täglich mit neuem Genuß.
Aber die Nächte hindurch hält Amor mich anders beschäftigt;
Werd ich auch halb nur gelehrt, bin ich doch doppelt beglückt;
Und belehr ich mich nicht, indem ich des lieblichen Busens
Formen spähe, die Hand leite die Hüften hinab?
Dann versteh ich den Marmor erst recht: ich denk und vergleiche,
Sehe mit fühlendem Aug', fühle mit sehender Hand.
Raubt die Liebste denn gleich mir einige Stunden des Tages,
Gibt sie die Stunden der Nacht mir zur Entschädigung hin.
Wird doch nicht immer geküßt, es wird vernünftig gesprochen;

Überfällt sie der Schlaf, lieg ich und denke mir viel.
Oftmals hab ich auch schon in ihren Armen gedichtet
Und des Hexameters Maß leise mit fingernder Hand
Ihr auf den Rücken gezählt. Sie atmet in lieblichem Schlummer,
Und es durchglühet ihr Hauch mir bis ins Tiefste die Brust.
Amor schüret die Lamp' indes und denket der Zeiten,
Da er den nämlichen Dienst seinen Triumvirn[7] getan.

21. Johann Wolfgang Goethe: Nähe des Geliebten

Ich denke dein, wenn mir der Sonne Schimmer
Vom Meere strahlt;
Ich denke dein, wenn sich des Mondes Flimmer
In Quellen malt.

Ich sehe dich, wenn auf dem fernen Wege
Der Staub sich hebt;
In tiefer Nacht, wenn auf dem schmalen Stege
Der Wandrer bebt.

Ich höre dich, wenn dort mit dumpfem Rauschen
Die Welle steigt.
Im stillen Haine geh ich oft zu lauschen,
Wenn alles schweigt.

Ich bin bei dir, du seist auch noch so ferne,
Du bist mir nah!
Die Sonne sinkt, bald leuchten mir die Sterne.
O wärst du da!

7. Gemeint sind hier nicht die Triumvirn Caesar, Pompeius und Crassus, sondern die römischen Dichter von Liebeselegien Catull, Tibull und Properz.

22. Johann Wolfgang Goethe: In tausend Formen magst du dich verstecken

In tausend Formen magst du dich verstecken,
Doch, Allerliebste, gleich erkenn ich dich;
Du magst mit Zauberschleiern dich bedecken,
Allgegenwärt'ge, gleich erkenn ich dich.

An der Zypresse reinstem, jungem Streben,
Allschöngewachsne, gleich erkenn ich dich;
In des Kanales reinem Wellenleben,
Allschmeichelhafte, wohl erkenn ich dich.

Wenn steigend sich der Wasserstrahl entfaltet,
Allspielende, wie froh erkenn ich dich;
Wenn Wolke sich gestaltend umgestaltet,
Allmannigfalt'ge, dort erkenn ich dich.

An des geblümten Schleiers Wiesenteppich,
Allbuntbesternte, schön erkenn ich dich;
Und greift umher ein tausendarm'ger Eppich,
O Allumklammernde, da kenn ich dich.

Wenn am Gebirg der Morgen sich entzündet,
Gleich, Allerheiternde, begrüß ich dich;
Dann über mir der Himmel rein sich ründet,
Allherzerweiternde, dann atm' ich dich.

Was ich mit äußerm Sinn, mit innerm kenne,
Du Allbelehrende, kenn ich durch dich;
Und wenn ich Allahs Namenhundert nenne,
Mit jedem klingt ein Name nach für dich.

23. Johann Wolfgang Goethe: Der Bräutigam

Um Mitternacht, ich schlief, im Busen wachte
Das liebevolle Herz, als wär' es Tag;
Der Tag erschien, mir war, als ob es nachte,
Was ist es mir, so viel er bringen mag.

Sie fehlte ja, mein emsig Tun und Streben
Für sie allein ertrug ich's durch die Glut
Der heißen Stunde, welch erquicktes Leben
Am kühlen Abend! lohnend war's und gut.

Die Sonne sank, und Hand in Hand verpflichtet[8]
Begrüßten wir den letzten Segensblick,
Und Auge sprach, ins Auge klar gerichtet:
Von Osten, hoffe nur, sie kommt zurück.

Um Mitternacht! der Sterne Glanz geleitet
In holdem Traum zur Schwelle, wo sie ruht.
O sei auch mir dort auszuruhn bereitet,
Wie es auch sei, das Leben, es ist gut.

24. Marianne Willemer: Ach, um deine feuchten Schwingen

Ach, um deine feuchten Schwingen,
West, wie sehr ich dich beneide:
Denn du kannst ihm Kunde bringen,
Was ich in der Trennung leide!

Die Bewegung deiner Flügel
Weckt im Busen stilles Sehnen;
Blumen, Augen, Wald und Hügel
Stehn bei deinem Hauch in Tränen.

8. verlobt.

Doch dein mildes sanftes Wehen
Kühlt die wunden Augenlider;
Ach, für Leid müßt' ich vergehen,
Hofft' ich nicht zu sehn ihn wieder.

Eile denn zu meinem Lieben,
Spreche sanft zu seinem Herzen;
Doch vermeid ihn zu betrüben
Und verbirg ihm meine Schmerzen.

Sag ihm, aber sag's bescheiden:
Seine Liebe sei mein Leben,
Freudiges Gefühl von beiden
Wird mir seine Nähe geben.

25. Karl Friedrich Herrosée: Ich liebe dich

Ich liebe dich, so wie du mich,
Am Abend und am Morgen,
Noch war kein Tag, wo du und ich
Nicht teilten unsre Sorgen.

Auch waren sie für dich und mich
Geteilt leicht zu ertragen;
Du tröstetest im Kummer mich,
Ich weint' in deine Klagen.

Drum Gottes Segen über dir,
Du, meines Herzens Freude.
Gott schütze dich, erhalt' dich mir,
Schütz' und erhalt' uns beide.

26. Clemens Brentano: Der Spinnerin Lied

Es sang vor langen Jahren
Wohl auch die Nachtigall,
Das war wohl süßer Schall,
Da wir zusammen waren.

Ich sing und kann nicht weinen
Und spinne so allein
Den Faden klar und rein,
Solang der Mond wird scheinen.

Da wir zusammen waren,
Da sang die Nachtigall;
Nun mahnet mich ihr Schall,
Daß du von mir gefahren.

So oft der Mond mag scheinen,
Denk ich wohl dein allein,
Mein Herz ist klar und rein,
Gott wolle uns vereinen.

Seit du von mir gefahren,
Singt stets die Nachtigall,
Ich denk bei ihrem Schall,
Wie wir zusammen waren.

Gott wolle uns vereinen,
Hier spinn ich so allein,
Der Mond scheint klar und rein,
Ich sing und möchte weinen.

27. Karoline von Günderode: Liebe

O reiche Armut! Gebend, seliges Empfangen!
In Zagheit Mut! in Freiheit doch gefangen.
In Stummheit Sprache,
Schüchtern bei Tage,
Siegend mit zaghaftem Bangen.

Lebendiger Tod, im Einen sel'ges Leben
Schwelgend in Not, im Widerstand ergeben,
Genießend schmachten,
Nie satt betrachten
Leben im Traum und doppelt Leben.

28. Adelbert von Chamisso: Frauen-Liebe und Leben (1)

Seit ich ihn gesehen,
Glaub ich blind zu sein;
Wo ich hin nur blicke,
Seh ich ihn allein;
Wie im wachen Traume
Schwebt sein Bild mir vor,
Taucht aus tiefstem Dunkel
Heller nur empor.

Sonst ist licht- und farblos
Alles um mich her,
Nach der Schwestern Spiele
Nicht begehr ich mehr,
Möchte lieber weinen
Still im Kämmerlein;
Seit ich ihn gesehen,
Glaub ich blind zu sein.

29. Joseph von Eichendorff: Das zerbrochene Ringlein

In einem kühlen Grunde
Da geht ein Mühlenrad,
Mein' Liebste ist verschwunden,
Die dort gewohnet hat.

Sie hat mir Treu versprochen,
Gab mir ein'n Ring dabei,
Sie hat die Treu gebrochen,
Mein Ringlein sprang entzwei.

Ich möcht' als Spielmann reisen
Weit in die Welt hinaus
Und singen meine Weisen
Und gehn von Haus zu Haus.

Ich möcht' als Reiter fliegen
Wohl in die blut'ge Schlacht,
Um stille Feuer liegen
Im Feld bei dunkler Nacht.

Hör ich das Mühlrad gehen:
Ich weiß nicht, was ich will –
Ich möcht' am liebsten sterben,
Da wär's auf einmal still!

30. Joseph von Eichendorff: In der Fremde (1)

Da fahr ich still im Wagen,
Du bist so weit von mir,
Wohin er mich mag tragen,
Ich bleibe doch bei dir.

Da fliegen Wälder, Klüfte
Und schöne Täler tief,
Und Lerchen hoch in Lüften,
Als ob dein' Stimme rief'.

Die Sonne lustig scheinet
Weit über das Revier,
Ich bin so froh verweinet
Und singe still in mir.

Vom Berge geht's hinunter,
Das Posthorn schallt im Grund,
Mein' Seel' wird mir so munter,
Grüß dich aus Herzensgrund.

31. Friedrich Rückert: Ich liebe dich, weil ich dich lieben muß

Ich liebe dich, weil ich dich lieben muß;
Ich liebe dich, weil ich nicht anders kann;
Ich liebe dich nach einem Himmelsschluß;
Ich liebe dich durch einen Zauberbann.
Dich lieb ich wie die Rose ihren Strauch;
Dich lieb ich wie die Sonne ihren Schein;
Dich lieb ich, weil du bist mein Lebenshauch;
Dich lieb ich, weil dich lieben ist mein Sein.

32. August von Platen: Ghaselen (IX)

Mein Herz ist zerrissen, du liebst mich nicht!
Du ließest mich's wissen, du liebst mich nicht!
Wiewohl ich dir flehend und werbend erschien,
Und liebebeflissen, du liebst mich nicht!

Du hast es gesprochen, mit Worten gesagt,
Mit allzu gewissen, du liebst mich nicht!
So soll ich die Sterne, so soll ich den Mond,
Die Sonne vermissen? du liebst mich nicht!
Was blüht mir die Rose? was blüht der Jasmin?
Was blühn die Narzissen? du liebst mich nicht!

33. Heinrich Heine: Daß du mich liebst, das wußt' ich

Daß du mich liebst, das wußt' ich,
Ich hatt' es längst entdeckt;
Doch als du mir's gestanden,
Hat es mich tief erschreckt.

Ich stieg wohl auf die Berge
Und jubelte und sang;
Ich ging ans Meer und weinte
Beim Sonnenuntergang.

Mein Herz ist wie die Sonne
So flammend anzusehn,
Und in ein Meer von Liebe
Versinkt es groß und schön.

34. Heinrich Heine: Du bist wie eine Blume

Du bist wie eine Blume,
So hold und schön und rein;
Ich schau dich an, und Wehmut
Schleicht mir ins Herz hinein.

Mir ist, als ob ich die Hände
Aufs Haupt dir legen sollt,
Betend, daß Gott dich erhalte
So rein und schön und hold.

35. Heinrich Heine: Sie saßen und tranken am Teetisch

Sie saßen und tranken am Teetisch
Und sprachen von Liebe viel.
Die Herren, die waren ästhetisch,
Die Damen von zartem Gefühl.

»Die Liebe muß sein platonisch«,
Der dürre Hofrat sprach.
Die Hofrätin lächelt ironisch,
Und dennoch seufzet sie: »Ach!«

Der Domherr öffnet den Mund weit:
»Die Liebe sei nicht zu roh,
Sie schadet sonst der Gesundheit.«
Das Fräulein lispelt: »Wieso?«

Die Gräfin spricht wehmütig:
»Die Liebe ist eine Passion!«
Und präsentieret gütig
Die Tasse dem Herrn Baron.

Am Tische war noch ein Plätzchen;
Mein Liebchen, da hast du gefehlt.
Du hättest so hübsch, mein Schätzchen,
Von deiner Liebe erzählt.

36. Heinrich Heine: Mir träumte wieder der alte Traum

Mir träumte wieder der alte Traum:
Es war eine Nacht im Maie,
Wir saßen unter dem Lindenbaum,
Und schwuren uns ewige Treue.

Das war ein Schwören und Schwören aufs neu,
Ein Kichern, ein Kosen, ein Küssen;
Daß ich gedenk des Schwures sei,
Hast du in die Hand mich gebissen.

O Liebchen mit den Äuglein klar!
O Liebchen, schön und bissig!
Das Schwören in der Ordnung war,
Das Beißen war überflüssig.

37. Eduard Mörike: An Luise

Wahr ist's, mein Kind, wo ich bei dir nicht bin,
geleitet Sehnsucht alle meine Wege,
zu Berg und Wald, durch einsame Gehege
treibt mich ein irrer, ungeduld'ger Sinn.

In deinen Arm! O seliger Gewinn!
Doch wird auch hier die alte Wehmut rege,
ich schwindle trunken auf dem Himmelsstege,
die Gegenwart flieht taumelnd vor mir hin.

So denk ich oft: dies schnell bewegte Herz,
vom Überglück der Liebe stets beklommen,
wird wohl auf Erden nie zur Ruhe kommen;

im ew'gen Lichte löst sich jeder Schmerz,
und all die schwülen Leidenschaften fließen
wie ros'ge Wolken, träumend, uns zu Füßen!

38. Friedrich Hebbel: Ich und du

Wir träumten voneinander
Und sind davon erwacht,
Wir leben, um uns zu lieben,
Und sinken zurück in die Nacht.

Du tratst aus meinem Traume,
Aus deinem trat ich hervor,
Wir sterben, wenn sich eines
Im andern ganz verlor.

Auf einer Lilie zittern
Zwei Tropfen, rein und rund,
Zerfließen in eins und rollen
Hinab in des Kelches Grund.

39. Emanuel Geibel: Wenn sich zwei Herzen scheiden

Wenn sich zwei Herzen scheiden,
die sich dereinst geliebt,
das ist ein großes Leiden,
wie's größer keines gibt.
Es klingt das Wort so traurig gar:
fahr wohl, fahr wohl auf immerdar:
wenn sich zwei Herzen scheiden,
die sich dereinst geliebt.

Da ich zuerst empfunden,
daß Liebe brechen mag,
mir war's, als sei verschwunden
die Sonn' am hellen Tag.
Im Ohre klang's mir wunderbar:
fahr wohl, fahr wohl auf immerdar:
da ich zuerst empfunden,
daß Liebe brechen mag.

40. Conrad Ferdinand Meyer: Zwei Segel

Metrum: 5-hebiger Jambus

Zwei Segel erhellend
Die tiefblaue Bucht!
Zwei Segel sich schwellend
Zu ruhiger Flucht!

Wie eins in den Winden
Sich wölbt und bewegt,
Wird auch das Empfinden
Des andern erregt.

Begehrt eins zu hasten,
Das andre geht schnell,
Verlangt eins zu rasten,
Ruht auch sein Gesell.

kaum Adjektive

41. Paul Heyse: Peregrina (4)

Schwüle Stunden! Flüsternd kaum
Bebt das Laub im Sommerwinde,
Vogelstimmen wie im Traum
Girren im Gezweig der Linde.

Auf dem blumigen Wiesenplan
Glüht und zittert Sonnenhelle;
Schlummertrunken ruht der Schwan
Auf des Weihers blanker Welle.

Ach, und mir in tiefster Brust
Brechen auf die alten Wunden.
Sehnsuchtsvoll in Qual und Lust
Denk ich alter schwüler Stunden!

42. Richard Volkmann-Leander: In der Früh', wenn die Sonne kommen will

In der Früh', wenn die Sonne kommen will,
da steigen die Lerchen hoch;
sie sehen, sie hören die Sonne nicht
und wissen ihr Kommen doch.

Sie wissen ihr Kommen, wie ich es weiß,
wenn zu mir du trittst, mein Kind;
ich säh' dich kommen, und wär' ich auch
auf beiden Augen blind.

Und kämst du daher mit den Winden geweht,
mit den Wellen im Flusse gerauscht,
und wär' ich geboren mit taubem Ohr,
ich hätte dein Kommen erlauscht.

Ich würde nicht fragen: Bist du's, mein Lieb?
Und wär' ich auch taub und blind.
Wer fragte denn auch seine rechte Hand
und sein Haupt, ob sie bei ihm sind?

43. Wilhelm Busch: Die Liebe war nicht geringe

Die Liebe war nicht geringe.
  Sie wurden ordentlich blaß;
Sie sagten sich tausend Dinge
  Und wußten noch immer was.

Sie mußten sich lange quälen,
  Doch schließlich kam's dazu,
Daß sie sich konnten vermählen.
  Jetzt haben die Seelen Ruh.

Bei eines Strumpfes Bereitung
Sitzt sie im Morgenhabit;
Er liest in der Kölnischen Zeitung
Und teilt ihr das Nötige mit.

44. Gustav Falke: Zwei

Drüben du, mir deine weiße
Rose übers Wasser zeigend,
Hüben ich, dir meine dunkle
Sehnsüchtig entgegenneigend.

In dem breiten Strome, der uns
Scheidet, zittern unsre blassen
Schatten, die vergebens suchen,
Sich zu finden, sich zu fassen.

Und so stehn wir, unser Stammeln
Stirbt im Wind, im Wellenrauschen,
Und wir können nichts als unsre
Stummen Sehnsuchtswinke tauschen.

Leis, gespenstisch, zwischen unsern
Dunklen Ufern schwimmt ein wilder
Schwarzer Schwan, und seltsam schwanken
Unsre blassen Spiegelbilder.

45. Hermann Löns: Der Rosengarten

Ich weiß ein' Garten hübsch und fein,
da blüht ein rotes Röselein;
und darum ist ein Heckenzaun,
im Sommer grün, im Winter braun.

Und wer das Röslein brechen will,
muß kommen stumm, muß kommen still;
muß kommen bei der dustern Nacht,
wenn weder Mond noch Sternlein wacht.

Ich wollte meinem Glück vertraun,
stieg heimlich übern Gartenzaun;
das rote Röslein war geknickt,
ein andrer hatte es gepflückt.

Das Gärtchen ist nun kahl und leer,
das rote Röslein blüht nicht mehr;
betrübt muß ich von weitem stehn
und nach dem Rosengarten sehn.

46. Anonym: Schätzlein, Schätzlein, ich steh draußen

Schätzlein, Schätzlein, ich steh draußen
Vor dei'm Fensterlein.
Hörst du nicht, wie die Winde, Winde sausen?
Steh auf und laß mich ein!

Jetzt kann ich dich nicht reinlassen;
Meine Mutter ist noch wach.
Ist sie aber eingeschlafen,
So wird aufgemacht.

Was für Dinge, was für Sachen,
Schätzlein, machest du?
Mit dir hab ich gar nichts mehr zu schaffen;
Mach dein Fensterlein zu!

Leise tut die Tür aufgehen
Und sie läßt mich ein.
Läßt mich ja nicht länger, länger stehen
Vor ihrem Fensterlein.

Solang Wasser bergab fließet,
Bächlein trocknen ein,
Solang sollst auf Erden, Erden leben,
Sollst mein Schätzelein sein.

Sollt ich aber unterdessen
Schlafen, schlummern ein,
So pflanz du auf meinem, meinem Grabe
Rosen und Vergißnichtmein!

47. Stefan George: Im windes-weben

Im windes-weben
War meine frage
Nur träumerei.
Nur lächeln war
Was du gegeben.
Aus nasser nacht
Ein glanz entfacht –
Nun drängt der mai·
Nun muss ich gar
Um dein aug und haar
Alle tage
In sehnen leben.

48. Hugo von Hofmannsthal: Die Beiden

Sie trug den Becher in der Hand
– Ihr Kinn und Mund glich seinem Rand –,
So leicht und sicher war ihr Gang,
Kein Tropfen aus dem Becher sprang.

So leicht und fest war seine Hand:
Er ritt auf einem jungen Pferde,
Und mit nachlässiger Gebärde
Erzwang er, daß es zitternd stand.

Jedoch, wenn er aus ihrer Hand
Den leichten Becher nehmen sollte,
So war es beiden allzu schwer:

Denn beide bebten sie so sehr,
Daß keine Hand die andre fand
Und dunkler Wein am Boden rollte.

49. August Stramm: Untreu

Dein Lächeln weint in meiner Brust
Die glutverbissnen Lippen eisen
Im Atem wittert Laubwelk!
Dein Blick versargt
Und
Hastet polternd Worte drauf.
Vergessen
Bröckeln nach die Hände!
Frei
Buhlt dein Kleidsaum
Schlenkrig
Drüber rüber!

50. Rainer Maria Rilke: Liebes-Lied

Wie soll ich meine Seele halten, daß
sie nicht an deine rührt? Wie soll ich sie
hinheben über dich zu andern Dingen?

Ach gerne möcht' ich sie bei irgendwas
Verlorenem im Dunkel unterbringen
an einer fremden stillen Stelle, die
nicht weiterschwingt, wenn deine Tiefen schwingen.
Doch alles, was uns anrührt, dich und mich,
nimmt uns zusammen wie ein Bogenstrich,
der aus zwei Saiten *eine* Stimme zieht.
Auf welches Instrument sind wir gespannt?
Und welcher Geiger hat uns in der Hand?
O süßes Lied.

51. Ernst Stadler: Anrede

Ich bin nur Flamme, Durst und Schrei und Brand.
Durch meiner Seele enge Mulden schießt die Zeit
Wie dunkles Wasser, heftig, rasch und unerkannt.
Auf meinem Leibe brennt das Mal: Vergänglichkeit.

Du aber bist der Spiegel, über dessen Rund
Die großen Bäche alles Lebens gehn,
Und hinter dessen quellend goldnem Grund
Die toten Dinge schimmernd auferstehn.

Mein Bestes glüht und lischt – ein irrer Stern,
Der in den Abgrund blauer Sommernächte fällt –
Doch deiner Tage Bild ist hoch und fern,
Ewiges Zeichen, schützend um dein Schicksal hergestellt.

52. Joachim Ringelnatz: Ich habe dich so lieb

Ich habe dich so lieb!
Ich würde dir ohne Bedenken
Eine Kachel aus meinem Ofen
Schenken.

Ich habe dir nichts getan.
Nun ist mir traurig zumut.
An den Hängen der Eisenbahn
Leuchtet der Ginster so gut.

Vorbei – verjährt –
Doch nimmer vergessen.
Ich reise.
Alles, was lange währt,
Ist leise.

Die Zeit entstellt
Alle Lebewesen.
Ein Hund bellt.
Er kann nicht lesen.
Er kann nicht schreiben.
Wir können nicht bleiben.

Ich lache.
Die Löcher sind die Hauptsache
An einem Sieb.

Ich habe dich so lieb.

53. Gottfried Benn: Auf deine Lider senk ich Schlummer

Auf deine Lider senk ich Schlummer,
auf deine Lippen send ich Kuß,
indessen ich die Nacht, den Kummer,
den Traum alleine tragen muß.

Um deine Züge leg ich Trauer,
um deine Züge leg ich Lust,
indes die Nacht, die Todesschauer
weben allein durch meine Brust.

Du, die zu schwach, um tief zu geben,
du, die nicht trüge, wie ich bin –
drum muß ich abends mich erheben
und sende Kuß und Schlummer hin.

54. Georg Heym: Mortuae (Letzte Wache / erste Fassung)

War es nur ein Traum im Halb-Erwachen
Kühler Morgen? War es nur ein Wind?
Oder kurzer Duft von frühen Blumen,
Der verfliegt, ehe die Nacht beginnt?

Gehst du schon, wo meine Hände zittern
So nach deinen? Und ein jeder Tag,
Wird ein Grabtor sein, umhüllt mit Weinen?
Blinden gleich und leerer Glocken Schlag?

Jede Nacht, wie eine weite Leere,
Und wo sonst dein leiser Atem war,
Tief im Dunkel, nur das langsam schwere
Rinnen toter Stunden, Jahr um Jahr?

Letzte Wache

Wie dunkel sind deine Schläfen.
Und deine Hände so schwer.
Bist du schon weit von dannen,
Und hörst mich nicht mehr.

Unter dem flackenden Lichte
Bist du so traurig und alt,
Und deine Lippen sind grausam
In ewiger Starre gekrallt.

Morgen schon ist hier das Schweigen
Und vielleicht in der Luft
Noch das Rascheln von Kränzen
Und ein verwesender Duft.

Aber die Nächte werden
Leerer nun, Jahr um Jahr.
Hier, wo dein Haupt lag, und leise
Immer dein Atem war.

55. Nelly Sachs: Geschirmt sind die Liebenden

Geschirmt sind die Liebenden
unter dem zugemauerten Himmel.
Ein geheimes Element schafft ihnen Atem
und sie tragen die Steine in die Segnung
und alles was wächst
hat nur noch eine Heimat bei ihnen.

Geschirmt sind die Liebenden
und nur für sie schlagen noch die Nachtigallen
und sind nicht ausgestorben in der Taubheit
und des Waldes leise Legenden, die Rehe,
leiden in Sanftmut für sie.

Geschirmt sind die Liebenden
sie finden den versteckten Schmerz der Abendsonne
auf einem Weidenzweig blutend –
und üben in den Nächten lächelnd das Sterben,
den leisen Tod
mit allen Quellen, die in Sehnsucht rinnen.

56. Bertolt Brecht: Die Liebenden

Seht jene Kraniche in großem Bogen!
Die Wolken, welche ihnen beigegeben
Zogen mit ihnen schon, als sie entflogen
Aus einem Leben in ein andres Leben.
In gleicher Höhe und mit gleicher Eile
Scheinen sie alle beide nur daneben.
Daß so der Kranich mit der Wolke teile
Den schönen Himmel, den sie kurz befliegen
Daß also keines länger hier verweile
Und keines andres sehe als das Wiegen
Des andern in dem Wind, den beide spüren
Die jetzt im Fluge beieinander liegen
So mag der Wind sie in das Nichts entführen.
Wenn sie nur nicht vergehen und sich bleiben
So lange kann sie beide nichts berühren
So lange kann man sie von jedem Ort vertreiben
Wo Regen drohen oder Schüsse schallen.
So unter Sonn' und Monds wenig verschiedenen Scheiben
Fliegen sie hin, einander ganz verfallen.
Wohin, ihr? – Nirgend hin. – Von wem davon? – Von allen.
Ihr fragt, wie lange sind sie schon beisammen?
Seit kurzem. – Und wann werden sie sich trennen? – Bald.
So scheint die Liebe Liebenden ein Halt.

57. Bertolt Brecht: Sonett Nr. 1

Und nun ist Krieg, und unser Weg wird schwerer.
Du, die mir beigesellt, den Weg zu teilen
Den schmalen oder breiten, ebnen oder steilen
Belehrte beide wir und beide Lehrer

Und beide flüchtend und mit gleichem Ziele
Wisse, was ich weiß: Dieses Ziel ist nicht
Mehr als der Weg, so daß, wenn einer fiele
Und ihn der andre fallen ließe, nur erpicht

Ans Ziel zu kommen, dieses Ziel verschwände
Nie mehr erkenntlich, nirgends zu erfragen!
Er liefe keuchend und am Ende stände

Er schweißbedeckt in einem grauen Nichts.
Dies dir an diesem Meilenstein zu sagen
Beauftrag ich die Muse des Gedichts.

58. Erich Kästner: Sachliche Romanze

Als sie einander acht Jahre kannten
(und man darf sagen: sie kannten sich gut),
kam ihre Liebe plötzlich abhanden.
Wie andern Leuten ein Stock oder Hut.

Sie waren traurig, betrugen sich heiter,
versuchten Küsse, als ob nichts sei,
und sahen sich an und wußten nicht weiter.
Da weinte sie schließlich. Und er stand dabei.

Vom Fenster aus konnte man Schiffen winken.
Er sagte, es wäre schon Viertel nach vier
und Zeit, irgendwo Kaffee zu trinken.
Nebenan übte ein Mensch Klavier.

Sie gingen ins kleinste Café am Ort
und rührten in ihren Tassen.
Am Abend saßen sie immer noch dort.
Sie saßen allein, und sie sprachen kein Wort
und konnten es einfach nicht fassen.

59. Günter Eich: Japanischer Holzschnitt

Ein rosa Pferd,
gezäumt und gesattelt, –
für wen?

Wie nah der Reiter auch sei,
er bleibt verborgen.

Komm du für ihn,
tritt in das Bild ein
und ergreif die Zügel!

60. Rose Ausländer: Das Schönste

Ich flüchte
in dein Zauberzelt
Liebe

Im atmenden Wald
wo Grasspitzen
sich verneigen

weil
es nichts Schöneres gibt

61. Christine Lavant: Morgen hängst du im Sonnennetz

Morgen hängst du im Sonnennetz;
sie geht für mich fischen,
sie tut für mich alles
und legt dich gebraten oder gekocht,
wenn ich will, in mein Fenster.

Morgen kommst du dem Wind ins Garn;
er legt für mich Schlingen,
er tut für mich alles
und wirft dich ganz oder aufgebröselt
als Staub und Asche vor meine Tür.

Morgen wird dich der Regen erwischen;
er kann dich ertränken,
er tut für mich alles
und wäscht mich noch rein vor dem lieben Gott,
wenn ich will, daß ich dir immer gleiche.

Morgen lösch ich die Sonne aus,
morgen stoß ich den Wind in die Grube
und schütte den Regen ins Meer hinein,
denn ich will, daß du gern zu mir kommst.

62. Paul Celan:
Nachts, wenn das Pendel der Liebe schwingt

Nachts, wenn das Pendel der Liebe schwingt
zwischen Immer und Nie,
stößt dein Wort zu den Monden des Herzens
und dein gewitterhaft blaues
Aug' reicht der Erde den Himmel.

Aus fernem, aus traumgeschwärztem
Hain weht uns an das Verhauchte,
und das Versäumte geht um, groß wie die Schemen
der Zukunft.

Was sich nun senkt und hebt,
gilt dem zuinnerst Vergrabnen:
blind wie der Blick, den wir tauschen,
küßt es die Zeit auf den Mund.

63. Erich Fried: Halten

Halten
das heißt
Nicht weiter – nicht näher – nicht einen Schritt
oder heißt Schritthalten
ein Versprechen – mein Wort
oder Rückschau

Halten
dich
mich zurück – den Atem an – mich an dich
dich fest
aber nicht
dir etwas vorenthalten

Halten
dich in den Armen
in Gedanken – im Traum – im Wachen
Dich hochhalten
gegen das Dunkel
des Abends – der Zeit – der Angst

Halten
dein Haar mit zwei Fingern
deine Schultern – dein Knie – deinen Fuß
Sonst nichts mehr halten
keinen Trumpf – keine Reden
keinen Stecken und Stab und keine Münze im Mund

Stütze Handel

64. Heinz Piontek: Von Mund zu Mund

Wir haben uns an einen Tisch gesetzt.
Nun hängen wir wie Rock und Futter zusammen.
Eingenäht ist unser Erbteil Zeit.

Du bist einverstanden damit,
daß es für eines Mannes Gedanken keine Riegel gibt.
Mir gehören deine Brauen und Zähne,
die feine Beugung des Arms wie Besitztümer,
die sich der Wind zu eigen gemacht hat.
Doch ich vertraue
deiner rechten und linken Hand.

Unser Reden ist ohne Stachel
und unser Schweigen schön.
Nacht um Nacht ruhen wir aneinander aus.

Daß keine Treue ist ohne Treulosigkeit
und Liebe die Schildwacht versäumt –
es wird uns nicht mehr bestürzen,
wenn Grabscheite zwischen dir und mir
den Graben ziehen.
Denn der Tote wird seine Wahrheit blindlings
auf den Überlebenden wälzen:
stumme, zerreißende Kälte.

65. Ingeborg Bachmann: Erklär mir, Liebe

Dein Hut lüftet sich leis, grüßt, schwebt im Wind,
dein unbedeckter Kopf hat's Wolken angetan,
dein Herz hat anderswo zu tun,
dein Mund verleibt sich neue Sprachen ein,
das Zittergras im Land nimmt überhand,
Sternblumen bläst der Sommer an und aus,
von Flocken blind erhebst du dein Gesicht,
du lachst und weinst und gehst an dir zugrund,
was soll dir noch geschehen –

Erklär mir, Liebe!

Der Pfau, in feierlichem Staunen, schlägt sein Rad,
die Taube stellt den Federkragen hoch,
vom Gurren überfüllt, dehnt sich die Luft,
der Entrich schreit, vom wilden Honig nimmt
das ganze Land, auch im gesetzten Park
hat jedes Beet ein goldner Staub umsäumt.

Der Fisch errötet, überholt den Schwarm
und stürzt durch Grotten ins Korallenbett.
Zur Silbersandmusik tanzt scheu der Skorpion.
Der Käfer riecht die Herrlichste von weit;
hätt' ich nur seinen Sinn, ich fühlte auch,
daß Flügel unter ihrem Panzer schimmern,
und nähm' den Weg zum fernen Erdbeerstrauch!

Erklär mir, Liebe!

Wasser weiß zu reden,
die Welle nimmt die Welle an der Hand,
im Weinberg schwillt die Traube, springt und fällt.
So arglos tritt die Schnecke aus dem Haus!

Ein Stein weiß einen andern zu erweichen!

Erklär mir, Liebe, was ich nicht erklären kann:
sollt' ich die kurze schauerliche Zeit
nur mit Gedanken Umgang haben und allein
nichts Liebes kennen und nichts Liebes tun?
Muß einer denken? Wird er nicht vermißt?

Du sagst: es zählt ein andrer Geist auf ihn …
Erklär mir nichts. Ich seh den Salamander
durch jedes Feuer gehen.
Kein Schauer jagt ihn, und es schmerzt ihn nichts.

66. Hans Magnus Enzensberger: befragung zur mitternacht

wo, die meine hand hält, gefährtin,
verweilst du, durch welche gewölbe
geht, wenn in den türmen die glocken
träumen daß sie zerbrochen sind,
dein herz?

vorangestellte Relativsätze

wo, welchen kahlschlag durcheilst du,
die ich berühre wangenzart, welch ein
betäubendes nachtkraut streift dich,
träumerin, welch eine furt benetzt
deinen fuß?

Temporalsatz

wo, wenn der hohle himmel graut, liebste,
rauschst du durch traumschilf, streichelst
türen und grüfte, mit wessen boten
tauscht küsse, der leise bebt,
dein mund?

eifersüchtig?

wo ist die flöte, der du dein ohr neigst,
wo das geheul das lautlos dein haar
bauscht, und ich liege wie ein gelähmter
und horch und wach und wohin
dein gefieder?

wo, in was für wälder verstrickt dich,
die meine hand hält, gefährtin,
dein traum?

viele Enjambements

67. Walter Helmut Fritz: Weil du die Tage

Weil du die Tage
zu Schiffen machst,
die ihre Richtung kennen.

Weil dein Körper
lachen kann.

Weil dein Schweigen
Stufen hat.

Weil ein Jahr
die Form deines Gesichts annimmt.

Weil ich durch dich verstehe,
daß es Anwesenheit gibt,

liebe ich dich.

68. Reiner Kunze: Die Liebe

Die liebe
ist eine wilde rose in uns
Sie schlägt ihre wurzeln
in den augen,
wenn sie dem blick des geliebten begegnen
Sie schlägt ihre wurzeln
in den wangen,
wenn sie den hauch des geliebten spüren
Sie schlägt ihre wurzeln
in der haut des armes,
wenn ihn die hand des geliebten berührt
Sie schlägt ihre wurzeln,
wächst wuchert
und eines abends
oder eines morgens
fühlen wir nur:
sie verlangt
raum in uns

Die liebe
ist eine wilde rose in uns,
unerforschbar vom verstand
und ihm nicht untertan
Aber der verstand
ist ein messer in uns

Der verstand
ist ein messer in uns,
zu schneiden der rose
durch hundert zweige
einen himmel

69. Sarah Kirsch: Dreistufige Drohung

Du willst jetzt gehn?
Das sag ich dem Mond!
Da hat sich der Mond
im Großen Wagen verladen,
der fühlt mit mir, weißzahnig
rollt er hinter dir her!

Die Klinke drückst du?
Ich sag es dem Wind!
Er schminkt dich
mit Ruß und Regen
peitscht dich mit Hagelkörnern,
glasmurmelgroß.

Du mußt jetzt fort?
Gut, ich sag es keinem.
Ich werde ohne Tränen
und Träume schlafen;
nichts hindert dich.

70. Karin Kiwus: Fragile

Wenn ich jetzt sage
ich liebe dich
übergebe ich nur
vorsichtig das Geschenk
zu einem Fest das wir beide
noch nie gefeiert haben

Und wenn du gleich
wieder allein
deinen Geburtstag
vor Augen hast
und dieses Päckchen
ungeduldig an dich reißt
dann nimmst du schon
die scheppernden Scherben darin
gar nicht mehr wahr

71. Miriam Frances: Ich bin im Mai idiotisch erotisch

Ich bin im Mai idiotisch erotisch,
da leg ich mich immer gleich hin.
Da wirkt alles Männliche auf mich hypnotisch,
wenn ich so erotisch bin.

Da sind meine Sinne total von Sinnen,
da bin ich am ganzen Leib Weib.
Da bringt mich der Anblick von Linnen zum Spinnen,
o Trieb, du mein Zeitvertreib.

Um alle Hüften da schwingt sich ein Bändchen,
mein Herz übt den Überschlag.
Auf jede Rundung da legt sich ein Händchen
bei Nacht und am hellichten Tag.

Die alte Erde trägt junges Gemüse,
ein Früchtchen wird frühreif gepflückt.
Es wiederbelebt sich die Hirnanhangdrüse,
vom Zucken des Frühlings entzückt.

72. Jürgen Theobaldy: Schnee im Büro

Eine gewisse Sehnsucht nach Palmen. Hier
ist es kalt, aber nicht nur. Deine Küsse
am Morgen sind wenig, später sitze ich
acht Stunden hier im Büro. Auch du
bist eingesperrt, und wir dürfen nicht
miteinander telefonieren. Den Hörer abnehmen
und lauschen? Telefon, warum schlägt
dein Puls nur für andere? Jemand fragt:
»Wie geht's?«, wartet die Antwort nicht ab
und ist aus dem Zimmer.

Was kann Liebe bewegen? Ich berechne
Preise und werde berechnet. All die Ersatzteile,
die Kesselglieder, Ölbrenner, sie gehen
durch meinen Kopf als Zahlen, weiter nichts.
Und ich gehe durch jemand hindurch
als Zahl. Aber am Abend komme ich zu dir
mit allem, was ich bin. Lese von
Wissenschaftlern: auch die Liebe ist
ein Produktionsverhältnis. Und wo sind
die Palmen? Die Palmen zeigen sich am Strand
einer Ansichtskarte, wir liegen auf dem Rücken
und betrachten sie. Am Morgen kehren wir
ins Büro zurück, jeder an seinen Platz.
Er hat eine Nummer, wie das Telefon.

73. Karl-Heinz Gießen: Liebesgedicht an Elke

Heute sah ich Dich,
und verliebt bin ich.

Dein langes, goldenes Haar
es ist so wunderbar.
Es umspielt Deinen Mund, der lacht
und mich so glücklich macht.

Die großen blauen Augen sehen mich an
in meinen wunschhaften Träumen, ich kann
nur an Dich und die Liebe noch denken,
zu Dir hin sich alle meine Sinne lenken.

Deine zarte Figur, Dein Lachen, die Art zu eilen
wie ein flinkes Wiesel: bei mir muß es verweilen.

Nur Dich möcht' ich sehn
und mit Dir gehn
in ein Land,
wo wir nur sind und Sand
und Meer.

leicht zu verstehen, schön umschrieben, Liebe auf den 1. Blick

74. Ulla Hahn: Anständiges Sonett

Komm beiß dich fest ich halte nichts
vom Nippen. Dreimal am Anfang küß
mich wo's gut tut. Miß
mich von Mund zu Mund. Mal angesichts

der Augen mir Ringe um
und laß mich springen unter
der Hand in deine. Zeig mir wie's drunter
geht und drüber. Ich schreie ich bin stumm.

Bleib bei mir. Warte. Ich komm wieder
zu mir zu dir dann auch
»ganz wie ein Kehrreim schöner alter Lieder«.

Verreib die Sonnenkringel auf dem Bauch
mir ein und allemal. Die Lider
halt mir offen. Die Lippen auch.

75. Helga Zimmermann: Vergleich

Liebe mich,
wie Du Deine Zigarette liebst!
Laß mich brennen
und rauche mich!
Und hast Du das Ende erreicht,
so lege mich
in Deinen Aschenbecher
und laß mich sterben!
Vergiß mich,
laß nichts zurück von mir
als Asche!
Denn nur Deine Liebe
kann mich zwei verbinden,
kann das Leben
meiner tausend Seelen
erhalten.

III. Übersicht über den Arbeitsteil; Gruppierung der Gedichte nach leitenden Gesichtspunkten

A. Erschließungsfragen und Hinweise zu ausgewählten Liebesgedichten

1. Johann Wolfgang Goethe: Maifest (18); unter Einbeziehung von Lavant (61), Kirsch (69) und Frances (71)
2. Conrad Ferdinand Meyer: Zwei Segel (40); unter Einbeziehung von Goethe (19), Falke (44) und Brecht (56)
3. Hugo von Hofmannsthal: Die Beiden (48)
4. Bertolt Brecht: Sonett Nr. 1 (57)
5. Ingeborg Bachmann: Erklär mir, Liebe (65); mit Auszügen aus einem Brief der Dichterin
6. Hans Magnus Enzensberger: befragung um mitternacht (66); unter Einbeziehung von Goethe (23)

B. Situationskategorien

1. Sehnsucht, Erwartung, Werben: 3, 9, 23, 28, 37, 41, 44, 47, 52, 59, 61
2. Sich-Finden, Geheimnis, Harmonie: 1, 7, 8, 21, 22, 30, 36, 40, 42, 46, 48, 50, 55, 67
3. Preis der (des) Geliebten, Leidenschaft, Erfüllung: 4, 5, 6, 11, 20, 22, 33, 34, 38, 62, 64, 71, 73, 74
4. Entzauberung, Ernüchterung: 15, 43, 56, 70, 72
5. Verständigungsschwierigkeiten: 9, 12, 44, 48, 58, 66
6. Trennung, Einsamkeit: 2, 26, 29, 32, 39, 49, 58, 66, 69
7. Liebe und Tod: 46, 54, 64

C. Empfindungskategorien

1. Echtes Gefühl oder sentimentaler Kitsch: 1, 17, 18, 25, 28, 31, 41, 42, 44, 45, 46, 53, 73, 75
2. Natur als Stimmungsträger: 4, 11, 16, 18, 19, 24, 30, 36, 40, 41, 42, 44, 45, 56, 61
3. Selbstgespräche: 9, 28, 31, 33, 53, 65, 66, 71, 72
4. Reden an den Partner: 1, 2, 5, 7, 25, 35, 56, 57, 74, 75

5. Frauenlyrik: 12, 24, 27, 55, 60, 61, 65, 69, 70, 71, 74, 75
6. Übergewicht der Topik; verfremdetes Gefühl: 10, 13, 16, 26, 28, 36, 38, 41, 43, 68, 73
7. Versuche, das Geheimnis der Liebe zu erklären: 14, 27, 35, 55, 63, 65, 68, 72

D. Bilder und Symbole

1. Körper
   a) Herz: 1, 3, 6, 7, 9, 17, 23, 26, 32, 33, 39, 66
   b) Augen: 6, 11, 68, 73
   c) Mund: 5, 6, 9, 66, 73, 74
   d) Haare: 5, 6, 63, 73
2. Tiere
   a) Vogel: 4, 41, 56, 65
   b) Schwan: 41, 44
   c) Forelle: 15
   d) Salamander: 65
   e) Pferd: 59
3. Pflanzen
   a) Blume(n): 4, 17, 34
   b) Rose: 11, 17, 19, 31, 44, 45, 68
   c) Lilie: 38
   d) Linde: 2, 4, 36, 41
4. Dinge
   a) Schlüssel: 1
   b) Ring: 29
   c) Glocke: 54, 66
   d) Becher: 48
   e) Segel: 40
   f) Saite: 50
   g) Zigarette: 75
5. Unbewußtes und äußere Mächte
   a) Nacht, Schlaf, Traum: 2, 10, 11, 16, 20, 23, 36, 53, 54, 62, 66
   b) Wind: 24, 40, 42, 47, 56, 61, 66
   c) Gestirne, Kosmos: 16, 18, 32, 61, 69

E. Vokabular und Syntax

F. Lyrische Formen

1. Lied: 1–5, 7, 9, 11, 12, 14–34, 36, 38–43, 45–47, 50–54, 67, 69, 71, 73
2. Sonett: 6, 37, 48, 57, 74
3. Hymnus: 27, 65
4. Elegie: 20
5. Ballade/Erzählgedicht: 8, 10, 13, 35, 44, 48, 49, 58
6. Orientalischen und fernöstlichen Vorbildern nachempfunden: 32 (Ghasel); 59, 60 (Haiku)

G. Epochenfragen

1. Mittelalter: 1–4
2. Barock: 5–7
3. Aufklärung, Empfindsamkeit, Sturm und Drang: 8–19
4. Klassik: 20–25, 32
5. Romantik: 26–30
6. Junges Deutschland: 33–36
7. Biedermeier: 31, 37
8. Realismus: 38–43
9. Naturalismus, Impressionismus: 44–48, 50
10. Expressionismus: 49, 51–54
11. Moderne: 55–75

IV. Arbeitsvorschläge

Dieser Teil erläutert die systematische Übersicht und bietet erschließende Fragen und Arbeitsaufträge. Dabei ist regelmäßig ein Bezug zu Teil III hergestellt. Natürlich werden einzelne Gedichte unter verschiedenen Aspekten mehrfach behandelt: Solche Überschneidungen liegen in der Natur der Sache; sie dokumentieren, daß nur hermeneutisches Vorgehen zum Verstehen von Literatur hinführt.

A. Erschließungsfragen und Hinweise zu ausgewählten Liebesgedichten

Zunächst werden 6 Beispiele für eine vornehmlich textimmanente Analyse vorgestellt. An eine umfassende Interpretation ist nicht gedacht. Vielmehr sollen Erschließungsfragen zum sorgfältigen Lesen und Prüfen der Gedichte anregen und auf der Basis genauer Textkenntnis an die Deutung des sprachlichen Kunstwerks heranführen. Die Art der Fragestellung orientiert sich an dem bei Textanalysen im Unterricht üblichen Vorgehen.

Die Gedichtauswahl für diese Muster-Analysen stand unter folgenden Gesichtspunkten:

- Möglichst vielseitige Ansatzpunkte und Fragestellungen sollten angeboten werden. Der Schüler kann erkennen, daß systematisches Vorgehen zum Ziel führt; es wird aber auch deutlich, daß die Erschließungsfragen variabel sein müssen, wenn man die besondere »Note« eines Gedichts herausarbeiten will.
- Für verschiedene Epochen repräsentative Gedichte mit unterschiedlichen Situationen und Stilarten sollten vorgestellt werden.
- Sofern sich interessante motivliche oder strukturelle Querverweise anboten, wurden Anregungen zum Gedichtvergleich gegeben. Dabei stößt man nicht selten auch auf Fragen der literarischen Wertung.

1. Johann Wolfgang Goethe: Maifest (18)

a) Zum Gegenstand

Wie bietet sich der Gegenstand dar?
Mit welcher Erwartung beginnen Sie die Lektüre beim Anblick der kurzen Zeilen und sehr kleinen Strophen?
Stellt der Autor einen Zustand oder eine Entwicklung dar?
Welche Redeabsicht erkennen Sie (informativ – expressiv – appellativ)?

b) Zur gedanklichen Gliederung und Form

Das Gedicht endet mit dem Wunsch »Sei *ewig* glücklich«. Welche weiteren Strophen sprechen von zeitlosen, irdische Grenzen überwindenden Dingen?
Trotz des grenzenlosen Fühlens weist das Gedicht einen »strategischen Bauplan« auf. Diskutieren Sie die folgenden Überlegungen:
- Es liegt ein dreiphasiger Aufbau vor; jede Phase besteht aus einem *Anruf*, der sich einer *Darstellung* in Aussagesätzen zuwendet. Die drei Phasen stellen eine Bewegung von außen (räumliche Umgebung) nach innen (Gefühle) dar.
- Es liegt eine Zweiteilung vor: Fünf Strophen schwelgen in allgemeinen Empfindungen; vier Strophen wenden sich der konkreten Begegnung zu, in der sich alle Gefühle sammeln.
- Das Gedicht weist keine innere Entwicklung auf: Am Ende wird deutlich, daß das Mädchen den Dichter bereits zu diesem Lied inspiriert hat; die Worte »Mut zu neuen Liedern« führen zum Anlaß und Ausgangspunkt des Gedichtes zurück.

Fassen Sie je 2 Verszeilen zu einer einzigen zusammen, wie es der Satzbau nahelegt. Welche Einbußen erlitte das Gedicht bei einer derartigen Anordnung der Strophen?

c) Zur Sprache

Belegen Sie das Schwelgen in Gefühlen
- anhand ungewöhnlicher Wendungen,

– indem Sie den Wechsel von längeren Sätzen und kurzen Interjektionen untersuchen,
– indem Sie die Bildhaftigkeit der Verben und die Notwendigkeit der Adjektive bewerten.

Untersuchen Sie den Wechsel von Subjekt und Objekt beim Verbum »lieben« in den letzten vier Strophen.

Vollzieht sich in den Wortwiederholungen eine Begriffserweiterung?

Ausruf und Apostrophe (Anrede) sind auffällige Stilmittel des Gedichts. Wer wird dort angesprochen?

Der Schluß des letzten Satzes (»wie du mich liebst«) scheint syntaktisch zweideutig zu sein: Handelt es sich um einen Vergleich oder einen Ausruf? Überprüfen Sie auch die anderen »Wie«-Zeilen des Gedichts.

An zwei Stellen finden sich Enjambements über die Strophengrenzen hinweg. Wovon ist dort die Rede? Handelt es sich hier um Kernstellen des Gedichts? – Beachten Sie das Polysyndeton (». . . und . . . und . . .«) in diesen Passagen!

d) Zum Gehalt

Gelingt es Goethe, das Einssein von Natur und Mensch in der sprachlichen Form des Gedichts auszudrücken? Bedingen sich Außen- und Innenwelt gegenseitig?

Nehmen Sie Stellung zu der Behauptung: »Der Sprecher liebt nicht so sehr das Mädchen selbst mit seinen guten (und vielleicht auch nicht so guten) Eigenschaften. Vielmehr liebt er sein Gefühl, zu lieben und geliebt zu werden.«

Warum gilt dieses Gedicht als Musterbeispiel für die Lyrik des »Sturm und Drang«?

e) Gegenentwürfe zu Goethes *Maifest*

Vergleichen Sie die Rollen von Mann und Frau in Goethes *Maifest* und in drei Beispielen zeitgenössischer »Frauenlyrik«: Lavant (61), Kirsch (69), Frances (71).

Naturgewalten und kosmische Elemente werden von Goethe (18) ebenso wie von Lavant (61) und Kirsch (69) in die Liebeslyrik einbezogen. Was leisten diese Elemente?

Die Ausrufe »o Liebe« (Goethe, 18) – »o Trieb« (Frances, 71) weisen auf den wesentlichen Unterschied zwischen beiden Gedichten hin. Was verstehen beide Autoren unter »Liebe«?

Vergleichen Sie die Verwendung der Begriffe »all«, »ganz«, »jeder« bei Goethe (18) und Frances (71).

Welchem Zweck dienen die Wortspielereien, Binnenreime und Assonanzen im Gedicht von Frances (71)? Welche dieser Spielereien halten Sie für überzogen?

Klären Sie mit Hilfe eines Lexikons die Begriffe »Lied« und »Chanson«. Belegen oder widerlegen Sie die Feststellung, Frances (71) führe die Tradition des »Mailieds« in der Form des Chansons fort. (Vgl. dazu auch Heine, 36.)

2. Conrad Ferdinand Meyer: Zwei Segel (40)

a) Zum Gegenstand

Wie wird der Leser in die Situation eingeführt? Worauf richtet sich sein Blick? Was bleibt ausgespart?

b) Zur gedanklichen Gliederung und Form

Weisen Sie am Satzbau nach, daß die Segel

- in der 1. Strophe ohne Bindung
- in der 2. Strophe in einer gleichrangigen Beziehung
- in der 3. Strophe in gegenseitiger Abhängigkeit dargestellt werden.

Könnte man von einer »Engführung« der Zeilenpaare in der 3. Strophe (bis zur Bestätigung der Zusammengehörigkeit in dem Wort »Gesell«) sprechen?

Welche Wirkung erzeugt der Kreuzreim durch den Wechsel von ein- und zweisilbigen Reimwörtern?

Jede Verszeile mit »klingendem Reim« besteht aus einem doppelten Amphibrachys. In welchen Strophen ordnet sich die Satzmelodie der dabei entstehenden Mittelzäsur unter, wo nicht?

c) Zur Sprache und Bildlichkeit

Warum wäre eine »wörtliche« Übersetzung der Bildsprache in einzelne Bedeutungen (z. B. Wind = Unstimmigkeit zwischen den Partnern) völlig verfehlt?

Welche Wirkung beabsichtigt Meyer, wenn er weitgehend auf Adjektive verzichtet?

Welche Funktion übernehmen die folgenden Stilmittel: Anapher; Ellipse; Paradoxon; Personifikation?

Trotz der dynamischen Verben entsteht ein ruhiger, harmonischer Eindruck. Warum?

d) Zum Gehalt

Zwei Segel gehört zu Meyers Gedichtzyklus *Liebe*. Bietet auch der Gedichttext Hinweise darauf, daß die Segel als Symbole partnerschaftlicher Harmonie zu verstehen sind, obwohl der Dichter die Bildebene nicht verläßt oder erklärt?

Könnten Bilder von Caspar David Friedrich die Intention des Gedichtes angemessen ausdrücken?

Meyer gilt als Realist. Was trägt ein solches »symbolistisches« Gedicht zur Definition des Realismus im 19. Jahrhundert bei?

e) Weiterführende Fragen

Klären Sie mit Hilfe eines Wörterbuchs den Begriff »Symbol«. Goethe definiert folgendermaßen: Die symbolische Darstellung sei »eigentlich die Natur der Poesie, sie spricht ein Besonderes aus, ohne ans Allgemeine zu denken und darauf hinzuweisen. Wer nun dieses Besondere lebendig faßt, erhält zugleich das Allgemeine mit, ohne es gewahr zu werden, oder erst spät.« »Die Symbolik verwandelt die Erscheinung in Idee, die Idee in Bild, und so, daß die Idee immer unendlich wirksam und unerreichbar bleibt und, selbst in allen Sprachen ausgesprochen, doch unaussprechlich bliebe.« (Nach: Gero von Wilpert, Sachwörterbuch der Literatur. Stuttgart ^{5}1969. S. 754.)

Trifft Goethes Definition auf sein eigenes Lied vom *Hei-*

denröslein (19) zu? Läßt sich Goethes Definition auch auf Meyers *Zwei Segel* anwenden?

In Brechts *Die Liebenden* (56) weist das Bild der Kraniche manche Ähnlichkeit mit Meyers Bild von den Segeln auf. Welche Unterschiede sehen Sie zwischen Meyers und Brechts Umgang mit symbolträchtigen Bildern?

Vergleichen Sie kritisch die Verwendung von Farbsymbolen in Meyers *Zwei Segel* und Falkes *Zwei* (44).

3. Hugo von Hofmannsthal: Die Beiden (48)

a) Zum Gegenstand

Welchen Erlebnishintergrund sehen Sie in dem Gedicht? In welcher Zeit könnte die Szene spielen?

Wodurch entsteht der Eindruck, daß der Dichter die Realität verläßt? Wo hebt er die stilisierte Bewegung in eine höhere Sphäre?

Man hat hier von einer »Ausspartechnik« gesprochen. Weisen Sie das nach!

Könnte man das Gedicht als »Ballade en miniature« bezeichnen?

b) Zur Form

Haben wir es mit einem Sonett zu tun? (Das klassische Petrarca-Sonett verwendet 14 fünfhebige Jambenverse mit dem Reimschema abba abba cdc dcd.) Welches Metrum und welches Reimschema stellen Sie hier fest?

Wo finden Sie eine formale und sprachliche Zäsur?

Glauben Sie, daß sich der Dichter in der Struktur nach der »Philosophie des Sonetts« (These / Variation der These – Antithese – Synthese) richtet?

c) Zur Sprache

Weist die Wortwahl in eine mittlere oder gehobene Sprachschicht?

Was bewirken die Anaphern in Zeile 3 und 5?

Wie drückt der Dichter die Betroffenheit der beiden jungen Menschen aus?

Welchen Symbolwert haben wohl Becher und Wein? (Vergleichen Sie vor allem Zeile 4 und 14!)
Verfolgen Sie das Leitmotiv »Hand« und die Reime auf dieses Wort.
Beachten Sie den Vokalismus der Reimsilben. Könnte man daraus Schlüsse ziehen?
Wie deuten Sie die Tatsache, daß nur 4 klingende Reime vorkommen?

d) Zur Aussage

Finden Sie reflektierende Elemente?
Verfehlen sich die Liebenden? Oder führt die Erschütterung, die über beide kommt, zu einem neuen Menschsein, zu einer Art Wiedergeburt, zu einem Sich-Verstehen-Wollen? (Informieren Sie sich über Hofmannsthals Gedanken zur »Präexistenz«!)

4. Bertolt Brecht: Sonett Nr. 1 (57)

a) Zum Gegenstand

Erfahren wir biographische Tatsachen? (Bedenken Sie, daß Brecht vor dem Krieg und im Krieg ein Flüchtling war!)
An wen ist das Gedicht gerichtet?
Welche Aussage findet sich in der 4. Zeile?
Was wirkt lehrhaft an diesem Gedicht?

b) Zur Form

Rein äußerlich hat Brecht die Sonettform viel strenger eingehalten als Hofmannsthal. Wo und wie weicht er vom klassischen Petrarca-Sonett ab?
Überlegen Sie, warum er das tut!
Den herkömmlichen gedanklichen Aufbau des Sonetts (These / Variation der These – Antithese – Synthese) hat Brecht stark modifiziert. Weisen Sie Einzelheiten nach!

c) Zur Sprache

Ist die Diktion nüchtern oder gefühlshaltig (wenn nicht sentimental)? Sehen Sie mehr Herzensergießung oder mehr Reflexion?

Lassen sich Wörter aus einer gehobenen Sprachschicht feststellen?

Das Gedicht setzt mit einem »und« ein; dieses »und« wiederholt sich in den ersten 8 Versen fünfmal (teils als Anapher). Welche Wirkung löst es aus?

Stört Sie die Interpunktion? Versuchen Sie, die Syntax zu begreifen, und setzen Sie zusätzliche Satzzeichen, wo es Ihnen richtig erscheint.

Man spricht bei Brecht oft von einem »dialektischen Umschlag«, das heißt, der innere Duktus in der Sprache wird jäh unterbrochen und der Sinn ins Gegenteil verkehrt. Deuten Sie entsprechend den Bruch der Aussage, wie er in den Zeilen 6 und 13 einsetzt.

d) Zur Aussage

Hat Brecht in diesem Gedicht sein Gefühl intellektuell verfremdet?

Weshalb bemüht er in der Schlußzeile die »Muse des Gedichts«?

5. Ingeborg Bachmann: Erklär mir, Liebe (65)

a) Zur gedanklichen Gliederung und Form

Wie würden Sie das ganze Gedicht gliedern? Finden Sie Überschriften für die drei großen »Blöcke« und den kleinen »Block« am Schluß.

Wer ist mit »Liebe« gemeint? (Das Leitmotiv steht viermal da; in der drittletzten Zeile ist es abgewandelt zu »Erklär mir nichts«.)

Warum können wir hier von einem Hymnus sprechen?

Welche rhythmischen und metrischen Fakten erkennen Sie?

b) Zur Sprache und Bildlichkeit

Handelt es sich um einen echten Dialog oder um ein Selbstgespräch?

Die drängenden visionären Bilder schaffen eine Jubel-, eine Herzsprache. Weisen Sie dies nach!
Kongruieren Bilder und Wörter? Wann zeigt sich das Pathos besonders stark?
Finden Sie eine Steigerung der Visionen?
Deuten Sie: *Ein Stein weiß einen andern zu erweichen!*
Gibt es überanstrengte Bilder? Wirken manche Ausdrücke überfrachtet?

c) Zur Aussage

Man hat Ingeborg Bachmann eine Kraft der Mythenbildung zugeschrieben. Nehmen Sie anhand dieses Gedichts dazu Stellung.
Weisen Sie im einzelnen nach, wie das Staunen, das Sich-Wundern zum Triumph der Liebe, zur Verklärung der Existenz führt.
Versuchen Sie, die beiden Schlußsätze zu deuten, und setzen Sie diese in den Zusammenhang der Gesamtaussage.
Sind Sie einverstanden mit der Erklärung des Gedichts, die Ingeborg Bachmann einem der Herausgeber (in einem Schreiben vom 9. Juli 1957 aus Rom) gegeben hat?

»Es ist natürlich nicht leicht für mich, einem Gedicht eine Erklärung beizugeben, aber versuchen will ich es.
In der ersten Strophe beobachtet das »Ich« (wenn Sie wollen: der Autor) einen anderen Menschen, der liebt, diesen Zustand, in dem sich jener befindet und der ihm merkwürdig erscheint und ihn die Liebe um eine Erklärung bitten läßt. In den nächsten beiden Strophen wird das Bild erweitert; die Tiere, die Natur werden bemerkt, ihre Liebesfähigkeit, und am Ende der zweiten dieser Strophen verrät der Autor mit den Worten: »hätt' ich nur seinen Sinn«, daß ihm die Möglichkeit, auf diese Weise zu lieben, fehlt.
Er steht verzweifelt außerhalb; selbst »ein Stein« erscheint ihm Liebe zu erfahren; nur er nicht. Die letzte Strophe bezieht sich auf ihn, seinen Ausnahmezustand, der jener des Denkenden ist, des Verzichtenden. Seine Frage an die Liebe

ist jetzt immer mehr zu einer Frage für sich selbst geworden; denn er möchte von ihr nicht ausgeschlossen werden. Aber sie antwortet ihm, daß ein andrer Geist mit ihm rechne, und in dem Augenblick versteht er sie auch schon –
er unterbricht sie mit dem »Erklär mir nichts«. Und im Bild des Salamanders, jenes Tieres, von dem es heißt, daß es unberührbar sei und heil jedes Feuer durchqueren könne (»Feuer« steht für Leidenschaft, Trieb, wenn Sie wollen) begreift er sich selbst. Er ist »auserwählt«, gehört der Welt des Geistes an und steht unter deren Gesetz; aber er bezahlt diese Zugehörigkeit mit Einsamkeit, Ausgeschlossensein.
Ich hoffe, daß Ihnen diese Erklärung, die zwangsläufig banal und dürftig bleiben muß, das Gedicht nicht zerstört. Ein amerikanischer Dichter – ich glaube, es war Archibald MacLeash – sagte einmal: »A poem should not mean but be.« (Ein Gedicht sollte nicht etwas bedeuten, sondern *sein.*) Daran ist viel Wahres; denn selbst, wenn ein Gedicht restlos zu erklären wäre, müßten wir es noch einmal lesen und hinnehmen in seinem Sein. Aber ich sage das nicht für mich oder dieses Gedicht, sondern für Gedichte überhaupt ...«

6. Hans Magnus Enzensberger: befragung zur mitternacht (66)

a) Zum Gegenstand

Lesen Sie weitere Liebesgedichte, die vom Schlaf oder Traum sprechen (vgl. IIID,5a / S. 61). Erkennen Sie eine »Standard-Situation«? Greift Enzensberger einen Topos auf?

b) Zur gedanklichen Gliederung und Form

Welche Attribute der Geliebten werden erwähnt? Zu welchem Ziel führt diese Aufzählung?

In Enzensbergers Gedicht nehmen Verben oft eine exponierte Stelle am Zeilenanfang oder -ende ein. Welche Verben tun das nicht, wen haben sie zum Subjekt?

Verharrt der Sprecher bis zum Ende in Passivität, obwohl er die Träumerin in ständiger Bewegung vermutet? Überwindet er durch sein Sprechen seine Untätigkeit?

Die letzte Strophe wiederholt die Eingangszeile. Drehen sich die Gedanken des Sprechers im Kreis?

Gelingt dem »Ich« der Zutritt zur Traumwelt der Geliebten nur deshalb nicht, weil es allein von äußeren Beobachtungen ausgeht?

c) Zur Sprache

Welche Fragewörter dienen der »Befragung«? Sind die Fragen präzise formuliert, sind Nachfragen nötig?

Relativsätze beschreiben in dem Gedicht, was äußerlich wahrnehmbar ist. Haben auch die *Wenn*-Sätze ein gemeinsames Thema?

In Strophe 4 wird der bis dahin übliche Satzbau durchbrochen. Enthält diese Strophe auch rhythmische Änderungen?

Wie lautet das Subjekt des Gliedsatzes »*die meine Hand hält*«? Ist die Zweideutigkeit im Satzbau wohl beabsichtigt?

Bilden Sie aus dem Begriffsinventar des Gedichts Wortfelder zu »träumen/wachen« und zu »berühren«. Spielt bei der 2. Gruppe die erotische Bedeutung eine Rolle?

Welche Bilder prägen Enzensbergers Darstellung der Traumwelt?

d) Zum Gehalt

Die vorwurfsvollen Fragen werden allein in der Phantasie des Sprechers gestellt und bleiben deshalb unbeantwortet. Bringt das Gedicht damit zum Ausdruck

- die unbegründete Eifersucht eines Liebhabers?
- Skepsis gegenüber der Hoffnung, Liebe führe zum restlosen Verstehen des Partners?
- die Isolation der Individuen, die selbst zwischen Verliebten nicht überwunden werden kann?

e) Vergleich mit Johann Wolfgang Goethe: Der Bräutigam (23)

Beschreiben Sie die Stationen von Mitternacht bis Mitternacht in Goethes Gedicht.

Wie deuten Sie den Tempuswechsel in der letzten Strophe?

Bei Enzensberger löst die mitternächtliche Ruhe selbstquälerische Fragen aus; was bewirkt sie in Goethes Gedicht?

Kreisen auch hier die Mutmaßungen des Sprechers um das Tun der Geliebten? Wie nahe kommt er ihr (räumlich und in Gedanken)?

Untersuchen Sie die Zusammenhänge von Licht und Dunkelheit bei Goethe. Merkt man der Sichtweise und der Sprache des Gedichts an, daß es von einem 75jährigen verfaßt wurde?

Formulieren Sie die Aussage der letzten Zeile mit eigenen Worten. Beachten Sie, daß das Adjektiv »*gut*« nicht nur die 4., sondern auch die 2. Strophe abschließt!

Wenn ein alter Dichter in die Rolle eines Bräutigams schlüpft, will er dann darlegen, wie zeitüberhoben die Liebe ist?

B. Situationskategorien

Hier geht es um Situationen, die der Autor wählt, um das Thema »Liebe« zur Sprache zu bringen: Hören wir vom Beginn einer Zweierbeziehung oder bereits von der Trennung? Wie nahe kommen sich die Partner; entspricht der äußere ihrem inneren Abstand? (Vgl. 21, 41, 59.)

Die räumliche Trennung kann zu verschiedenen Reaktionen führen: Sehnsucht, Hoffnung, Erwartung. Seit dem Mittelalter finden wir immer wieder den Topos der unerlaubten Liebesbegegnung, die fern von der Gesellschaft oder im Schutz der Dunkelheit stattfindet und streng geheimgehalten wird (vgl. 4, 7, 45). Wie das Motiv in trivialer Weise fortlebt, zeigt ein Soldatenlied (46). Andererseits mangelt es auch nicht an erhobenen Zeigefingern, die auf die Risiken allzu leichtfertiger Annäherung hinweisen (12, 15). Besonders im 17. und 18. Jahrhundert sprechen die Dichter gern von der flüchtigen Zeit (Motiv des »Carpe diem«), um ihrem Liebeswerben Nachdruck zu verleihen (5). Der Augenblick der größten Nähe und der Erfüllung (»Kairos«) wird im modernen Liebesgedicht eher nüchtern (62, 74) oder ironisch gebrochen

(71) dargestellt; früher war er meist Anlaß zum »Andichten« der Geliebten (6), oder er ließ die Autoren um Bilder ringen, die ihrer Verzauberung gerecht wurden (11, 22): Das Göttliche der Liebe wurde offenbar, Zeit wurde zur Ewigkeit.
Die Situation der bevorstehenden oder erfolgten Trennung führt zum Leiden an der Liebe und zum Reflektieren. Die Liebesklage kennt viele Nuancen und Ursachen. In Anlehnung an Heine bringt Busch (43) die Entzauberung in der Ehe zum Ausdruck. Kommunikationsprobleme, in den letzten hundert Jahren häufiger thematisiert, beruhen auf einem Zustand der inneren Distanz zum Partner bei gleichzeitiger körperlicher Nähe. Trennung bringt Schmerz, Gram, Einsamkeit, Trauer mit sich. Erst im zeitgenössischen Gedicht gewinnt die Überlegung Kontur, eine erzwungene Bindung könnte schwerer zu ertragen sein als die Trennung (61, 69).
Ähnlich wie Äußerungen über den »Liebesschmerz« empfinden wir auch das Thema »Liebe und Tod« leicht als trivial. Aufschlußreich könnte es sein, Heyms ergreifende Totenklage (54) der banalen Äußerung über den Tod des Geliebten in einem Soldatenlied des Ersten Weltkriegs (46) gegenüberzustellen. Auch ein Blick auf das Thema »Liebe und Tod« im Volkslied wäre anregend (vgl. 29).

Weitere Arbeitsvorschläge:

Bewerten Sie das »Andichten« der geliebten Person in den Gedichten 6, 20, 22, 34, 51, 64, 73? Warum wirkt manche Formulierung peinlich?

Die Liebe als eine Zaubermacht, die einen Menschen im Grund seines Wesens erschüttern, ja verwandeln kann, ist kaum in einem modernen Gedicht so gesehen. Vergleichen Sie unter diesem Gesichtspunkt irgendeines der Gedichte aus früherer Zeit (aufgeführt unter IIIB,3 / S. 60) mit einem der modernen (62, 64, 71, 73, 74).

Wie ist die Vereinigung der Liebenden gestaltet in den Gedichten 4, 14, 20, 38, 51, 60, 62, 71, 74? Zieht es der Autor vor, in verhüllender Weise zu sprechen?

Liebe und Tod stehen in engster Verbindung. Klären Sie, ob

in den Gedichten 19, 46, 54, 55, 64 der mystische Tod (das Aufgehen des Liebenden im geliebten Wesen) gestaltet ist, ob es sich um ein Sterben der Liebe (wegen unerfüllter, nicht erwiderter Liebe) handelt oder ob ein leiblicher Tod gemeint ist.

Vergleichen Sie die Bedeutung der Zeit bei Opitz (5) und Stadler (51).

C. Empfindungskategorien

Gottfried Benn hat erklärt, ein Gedicht »entstehe« nicht, sondern es »werde gemacht«. Andererseits beteuern viele Autoren, daß ein Gedicht »auf einmal da« sei; auch Benn gibt zu, daß sich zuweilen eine Wortfolge mit ihrem Klang einfach in ihm festsetze.

Es wäre müßig, Spekulationen darüber anzustellen, ob Liebesgedichte mit dem Kopf oder mit dem Herzen gemacht werden. Beantwortbar ist dagegen die Frage, wie ein Autor seine Gefühle und Empfindungen in Dichtung umsetzt: Mit welcher Haltung geht er an sein Thema heran? Vermittelt er ein echtes Gefühl? Greift er auf Topoi zurück? Bezieht er die Natur als »Stimmungsträger« ein? Kleidet er seine Aussage in die Form eines Gesprächs (Dialog, Selbstgespräch)? Versucht er das Wesen der Liebe zu definieren?

In unsere Textsammlung haben wir bewußt eine Reihe von Gedichten aufgenommen, die Grenzbereiche zwischen bloßer Sentimentalität und echtem Gefühl repräsentieren (vgl. IIIC,1 / S. 60). Als Orientierungshilfe sei eine Kurzdefinition des Begriffes *Kitsch* wiedergegeben:

»Kitsch: leichtverkäufliche, dem breiten Geschmack angepaßte, d. h. also geschmacklose und innerlich unwahre Scheinkunst ohne künstlerischen Wert, die aus vergröberndentstellender Nachahmung eines Anerkannten scheinbare Ansprüche auf Aussagekraft ableitet. Literaturkitsch [. . .] bedient sich daher der Formen und Aussageweisen hoher Literatur, jedoch nicht aus innerer Notwendigkeit, sondern um mit Hilfe aufgesetzter, gemachter Symbolik, falscher Metaphorik und gekünstelter Sprache äußerlich einen Kunstwert vorzutäuschen, der einem blassen, innerlich unwahren, mit Pseudoidealen verbrämten Stoff Kunstwirklichkeit geben soll. Inhaltliche Charakteristika sind dabei: pseudoromantische oder biedermeierliche, unzeitgemäße Idyllik, Süßlichkeit (im Gegensatz dazu arbeitet der sogenannte ›saure‹ Kitsch mit gekünstelter Schwarzmalerei), Vermeidung jeder tragischen Erschütterung, Entdämonisierung des Weltbildes, Schwarzweißzeichnung der Charaktere und Verbrämung mit vorgeprägten und aufgesetzten klischeehaften Idealen« (Gero von Wilpert, Sachwörterbuch der Literatur. Stuttgart [5]1969. S. 387).

Arbeitsvorschläge:

Welches Gedicht der unter IIIC,1 (S. 60) aufgeführten Beispiele scheint Ihnen ein unverfälschtes eigenes Erleben wiederzugeben?

Überprüfen Sie, ob auf die restlichen Beispiele die oben zitierte Definition von Kitsch zutrifft.

Vergleichen Sie Goethes *Heidenröslein* (19) und Löns' *Der Rosengarten* (45); achten Sie dabei kritisch auf falsche Metaphorik und gekünstelte Sprache.

Finden Sie Schwülstiges oder Redundantes, Weitschweifiges bei Piontek (64)?

Welche Rolle spielt die Natur in der Liebeslyrik? (vgl. IIIC, 2 / S. 60). Ist sie bloße Kulisse oder wirkende Macht?

Sind die Selbstgespräche (vgl. IIIC,3) Selbstbespiegelung oder Selbsterforschung? Ist das Thema »Liebe« nur Vorwand, um über die eigene (verwundete) Seele zu sprechen?

In welcher Form werden Reden an den Partner erwidert (IIIC,4)?

Liebesgedichte in Dialogform sind im 20. Jahrhundert selten geworden. Warum? Ist es besonders schwer, echte Gefühle in einem Zwiegespräch zu formulieren, oder hat dies andere Gründe?

Hören Sie aus der Liebeslyrik von Dichterinnen (IIIC,5) besondere Töne heraus? – Beachten Sie, daß Unzer (12) ironisch spricht!

Was veranlaßt wohl männliche Dichter, in die Rolle einer Frau zu schlüpfen (26, 28)? Was tragen solche Gedichte zur Diskussion über die Echtheit des Gefühls bei?

Übernimmt der Dichter in den unter IIIC,6 genannten Beispielen eine Rolle, die in der Gesellschaft seiner Zeit vorgeformt ist, oder hat er sich selbst eine Rolle zurechtgelegt? Verfremdet er seine Aussage? Flüchtet er sich in klischeehafte Empfindungen, die von ihm selbst nicht erlebt sind?

Wessen Definition der Liebe (IIIC,7) halten Sie für am besten gelungen? Kommen diese eher lehrhaften Erklärungen ohne Bilder aus?

Zeigen Sie, wie bei Bachmann (65) die Definition der Liebe in eine scheinbare Dialogsituation (Fragen an »Frau Venus«) verkleidet wurde; vergleichen Sie das Gedicht von Lessing (14).

D. Bilder und Symbole

In Kapitel IIID sind nur die wichtigsten der in den Gedichten unserer Auswahl verwendeten Bilder, Vergleiche, Metaphern, Symbole und Chiffren aufgeführt. Immerhin vermitteln sie einen Eindruck von der Vielfalt des metaphorischen Sprechens und deuten Schwerpunkte an. Gerade in Liebesgedichten sind Bilder unumgänglich: Sie ermöglichen es, Unsagbares in Worte zu kleiden. Zusammen mit dem Klang und dem Rhythmus verleihen sie einem Gedicht oft seinen eigentümlichen Reiz.

Bei der Besprechung im Unterricht sollte auch die besondere Art, in der jede Epoche mit Bildern umgeht, zur Sprache kommen. Schwerpunkte dieses Themas könnten sein:

- der Bilderreichtum und das allegorische Sprechen der Barockzeit (vgl. 6)
- Goethes Auffassung, wonach sich im »Besonderen« immer auch das »Allgemeine« zeige (vgl. 22, 23)
- der Symbolismus mit seiner Gefahr der Unverbindlichkeit des Bedeutungsbezugs (vgl. 41, 44).

Auch die Frage nach der literarischen Wertung stellt sich

unter diesem Aspekt erneut: Bilder sind sensibel; sie nutzen sich schnell ab oder wirken unangemessen.

Weitere Arbeitsvorschläge:

Der Barockzeit wird oft unterstellt, sie liebe die Prachtentfaltung großer Feste. Enthalten auch die Vergleiche Hofmannswaldaus (6) etwas Theatralisches?
Welche Tiere, Pflanzen und Dinge (vgl. IIID,2–4 / S. 61) übernehmen eine Boten-Funktion?
Weisen Sie nach, daß Heyse in seinem kurzen Gedicht (41) fast alle gängigen Bilder und Topoi der Liebesdichtung unterbringt. Wie bewerten Sie eine solche Art von Dichtung?
Augen gelten häufig als »Fenster der Seele«. Überprüfen Sie, ob auch zeitgenössische Dichter diesen Topos verwenden.
Vergleichen Sie die Bedeutung des Schwans in den Gedichten 41 und 44.

E. Vokabular und Syntax

Sein Gedicht *Satzbau* leitet Gottfried Benn mit den Worten ein:

»Alle haben den Himmel, die Liebe und das Grab,
damit wollen wir uns nicht befassen,
das ist für den Kulturkreis besprochen und durchgearbeitet.
Was aber neu ist, ist die Frage nach dem Satzbau
und die ist dringend.«

Eine auffällige Satzstruktur kennzeichnet tatsächlich viele Beispiele zeitgenössischer Liebesdichtung. So, wenn Fried über das Verbum *»halten«* (63) räsoniert; Liebesgedichte präsentieren sich als Beschwörung, Androhung von Zwang und Anweisungen im Imperativ (69, 74, 75), als Katalog von bohrenden, unbeantworteten Fragen (66). Äußerste Knappheit der Formulierung (59, 60, 70) findet sich neben einem scheinbar ungeformten Assoziieren (72). Bei genauerem Hinsehen entdeckt man jedoch, daß auch vergangene Jahrhunderte am Spiel mit der Form Freude fanden: Das Gegensatzpaar »*nein–ja*« prägt die Texte 3 und 12; die Flexion des Personalpronomens *du* durchzieht Goethes *Nähe des Geliebten* (21); die Gedichte 31 und 67 ringen in *Weil*-Sätzen um Begründungen.

Arbeitsvorschläge:

Vergleichen Sie das Vokabular von Hofmannswaldau (6) mit dem von Stadler (51). Welche überraschenden Ähnlichkeiten stellen Sie fest?

Weisen Sie nach, daß sowohl Hofmannswaldau (6) als auch Gießen (73) Klischees verwenden.

Vergleichen Sie die Syntax bei Eichendorff (29) und Stramm (49).

Welche Wirkung erzeugt der litaneihafte Gleichklang der Sätze bei Goethe (22)?

Entdecken Sie in Theobaldys »Parlando« (72) Parallelen zum Stream-of-Consciousness-Stil von James Joyce?

Weisen Sie die Wirkung einer stark reduzierten Aussage bei Kiwus (70) im Vergleich zu Theobaldy (72) nach.

Vergleichen Sie die Funktion der Kausalsätze bei Ausländer (60) und Fritz (67).

Welche Bedeutung haben die menschlichen Sinne bei Goethe (21) und Enzensberger (66)?

F. Lyrische Formen

Liebesgedichte weisen eine Vielfalt von Klängen auf, vom Lied bis zur rhythmisierten Prosa; die Übergänge sind fließend. Das »Lied« wird aber auch thematisiert: Es überspielt die »Sprachlosigkeit« des Verliebten (11) oder erweist sich als verbindendes Element zwischen den Liebenden (26). Das Gefühl, geliebt zu sein, inspiriert zu »neuen Liedern« (18).

Oft schläft in einem mittelmäßigen Text eine Melodie, die erst von einem Musiker hörbar gemacht wird. Wer kennt nicht Vertonungen von Schubert, Schumann, Wolf, Cornelius, Reger, Pfitzner oder Richard Strauss?

Zum Volkslied tritt schon im Mittelalter das Kunstlied. Wo die Grenze verläuft zwischen dem anonymen Volkslied und dem volksliedhaften Dichten, ist nicht festzustellen. Bekanntlich wurden viele Kunstlieder (z. B. *Am Brunnen vor dem Tore*) zu Volksliedern. Zur Zeit des Barock und des Rokoko erhält das Liebeslied oft Züge des galant-spielerischen Gesellschaftsliedes, das auch mit erotischen Andeutungen nicht spart.

Auf das Sonett stoßen wir überraschend häufig. Der »Aufgesang« besteht aus zwei Quartetten (Thema + Variation), der »Abgesang« aus zwei Terzetten (Antithese + Synthese). Seit Petrarca (1304–74) verwendet man fünffüßige Jamben im Reimschema abba abba cdc dcd. In der Barockzeit wurden Sonette oft im Alexandriner, einem sechsfüßigen Jambus mit Mittelzäsur, geschrieben. Diese strenge Form ist geeignet, Persönliches zu objektivieren, Leidenschaftliches zu bändigen. Darum wurden auch immer wieder Liebessonette gedichtet, deren Form jedoch stark variiert.

Da die Liebe eine himmlische Macht ist, liegt es nahe, daß sie gepriesen wird. Dafür bietet sich der Hymnus als Preisgesang an. Meist haben sich freie Rhythmen oder rhythmisierte Prosa eingebürgert.

Eine Sonderstellung nimmt die Elegie (20) ein: sie ist formal bestimmt durch das Distichon (Hexameter + Pentameter). Goethe hat weniger den klagenden als den idyllisch-reflexiven Charakter betont.

Die letzte hier vertretene Gattung ist die Ballade, die jedoch nicht scharf vom Lied getrennt ist. Erinnert sei an die Definition Goethes: nach ihr ist die Ballade das »Ur-Ei« aller Dichtung, da sie epische, dramatische und lyrische Elemente enthält.

Schließlich haben wir auch noch zwei dem japanischen Haiku nachempfundene Gedichte aufgenommen (59, 60): Das Haiku ist eine lyrische Kurzform aus ursprünglich drei Zeilen zu 5 – 7 – 5, also 17 Silben mit heiter skizzierter Pointe. Der besondere Zauber liegt in der verknappten Diktion, die impressionistisch-reflektierend wirkt.

Arbeitsvorschläge:

Das Gedicht des mittelmäßigen Dichters Herrosée (25) ist durch Beethovens Vertonung berühmt geworden. Überlegen Sie, was Beethoven an diesem Gedicht angezogen haben mag.

Schubert hat sich zu seinem »Forellenquintett« durch Schubart (15) anregen lassen. Warum ließ er bei der Vertonung des Gedichts wohl die letzte Strophe weg?

Vergleichen Sie nach erlebter Aussage und Form die Gedichte 7 und 9. Überlegen Sie, inwieweit sich der anonyme Dichter von Schlegel unterscheidet.

Lehár hat Goethes *Maifest* in sein Singspiel *Friederike* aufgenommen und vertont. Versuchen Sie, die Komposition zu hören, und überlegen Sie dann, ob der Komponist den Dichter adäquat vertont hat.

Weshalb könnte man glauben, Goethes *Heidenröslein* (19) sei ein reines Volkslied? (Erinnern Sie sich, daß Goethe als junger Student in Straßburg Volkslieder sammelte!)

Man hat gesagt, *Der Spinnerin Lied* (26) sei ein reines Klanggedicht, das nur von der Melodie lebt. Weil das Spinnen nachgeahmt werde, könne dieses Lied ewig so weitergehen. Sehen Sie neben den Kreisbewegungen des Spinnrads noch eine andere Bewegung? Hat das Gedicht einen gedanklichen Abschluß?

Das zerbrochene Ringlein (29) ist zum Volkslied geworden. Warum wohl?

Nach Adorno gehören die vier letzten Zeilen des Liebesliedes von George (47) zu dem Unwiderstehlichsten, was jemals der deutschen Lyrik beschieden war. Finden Sie Gründe für diese Behauptung. Betrachten Sie dabei die Seelenlage, die im ganzen Gedicht offenbar wird.

Warum wirkt das Gedicht von Benn (53) so melodiös, und das von Piontek (64) trotz gleicher Thematik so spröde?

Vergleichen Sie die fünf Sonette (6, 37, 48, 57, 74) nach Aussage, Struktur, Metaphorik und epochenspezifischen Merkmalen.

Spüren Sie in den balladesken Gedichten (vgl. IIIF,5 / S. 62) Elemente auf, die typisch sind für eine Ballade. Auch in anderen Liebesliedern ist ein »Seelendrama« gestaltet. Geben Sie Beispiele.
Vergleichen Sie die beiden hymnischen Gedichte 27 und 65 nach lyrischem Blickpunkt, Aufbau, Stimmlage und Ausdruck.
Welche Schlager-Elemente finden Sie in 46, 71 und 73?
Analysieren Sie Metrik und Reim bei Platen (32). Wirkt der Refrain eintönig oder eindringlich?

G. Epochenfragen

Liebesgefühl richtet sich nicht nach Epochen; viele Aussagen sind elementar-zeitlos. Erkennt man aber nicht dann, wenn der Anlaß zum Dichten immer der gleiche ist, um so schärfer, welche Aspekte eine Epoche in den Vordergrund rückt und wie sie diese darstellt? Dokumentiert sich nicht gerade in der Liebeslyrik der Wandel im Rollenverständnis von Mann und Frau? Eine plumpe Etikettierung wird freilich keinem Gedicht gerecht. Selbst eine Epoche wie die des Expressionismus, dessen Wesen wir in den Gedichten von Stramm (49) oder Stadler (51) gespiegelt glauben, birgt Überraschendes. Gottfried Benn erläutert dies in seiner berühmten Einleitung zur *Lyrik des expressionistischen Jahrzehnts* am Beispiel von Heyms *Letzte Wache* (54):
»Er [Heym] gilt als Vertreter der neuen lyrischen Richtung schlechthin. Man liest über ihn: ›Aufgelöste, von Enjambements zerrissene Sonettenform‹ – ›die Schatten einer fieberhaft irren Gespenstigkeit‹ – ›die Spannung einer fast quälerischen Herbe‹ – ›barocke Wucht und Gräßlichkeit seiner Visionen‹ – also alles Stigmata der kosmischen Entgrenzung und der visionären Ekstase, die man dem Expressionismus zuspricht. Und dann stößt man bei Heym auf ein Gedicht *Letzte Wache*: Kein Sturm, kein Drang, keine Satzbauzerrüttung, es ist ein Gedicht aus vier Versen mit je vier Reihen, die zweite und vierte gereimt, es ist ein ganz schlichtes Gedicht,

trauervoll, tränenvoll, von einer Melancholie ganz ohnegleichen. Ist er also ein Expressionist oder nicht?«

Arbeitsvorschläge:

Die Gedichte des Barock hat man als »Gesellschaftsspiele mit metaphysischem Hintergrund« bezeichnet. Trifft diese Etikettierung auf die Gedichte 5 und 6 zu?

Aufklärung und Sturm und Drang gehen zwar zeitlich ineinander über; nach Erleben und Ausdruck sind beide Epochen jedoch krasse Gegensätze. Stellen Sie fest, welche Gedichte (in IIIG,3 / S. 62) dem Rokoko (im Denken bewältigtem Gefühl und konventioneller Tändelei) zuzuordnen sind. Wo ist Ihrer Meinung nach der Durchbruch des Gefühls (als Kennzeichen des Sturm und Drang) zu spüren?

Finden Sie in Klopstocks *Das Rosenband* (11) nur anakreontische Züge (unverbindliche Tändelei)? Lesen Sie die Zeilen 5 und 11; in welche Dimension weist das Wort »Blick«?

Goethes *Mit einem gemalten Band* (17) könnte man als Höhepunkt und Überwindung der Anakreontik bezeichnen. Wo wird Ihnen das Umschlagen von leichtfertiger Galanterie in Herzlichkeit und Ernst bewußt?

Lassen sich alle fünf romantischen Gedichte (26–30) als Variationen eines sehnsüchtigen Schmachtens begreifen?

Trifft der Begriff »Ironie des Gefühls« auf alle Gedichte Heinrich Heines zu?

Hat man zur Zeit des Naturalismus auch die Liebe als naturwissenschaftliches Phänomen und Experiment gesehen?

Wo finden Sie Klänge und Bilder, die bezeichnend für den Jugendstil sind?

Wo stellen Sie wirkliche Tiefe der Empfindung fest?

Heyms Gedicht (54) wird in 2 Fassungen vorgestellt. Verfolgen Sie den Entstehungsprozeß. Warum hat der Dichter Änderungen vorgenommen? Hat er auch an die (Klang-) Wirkung gedacht?

In der modernen Liebesdichtung hat man oft eine Tendenz zur nüchternen Bestandsaufnahme festgestellt. Untersuchen Sie einige Gedichte (ab 55) unter diesem Gesichtspunkt.

Versuchen Sie bei einigen modernen Gedichten (z. B. 55, 64, 65, 68, 69, 70) zu sehen, in welcher literarischen Tradition sie stehen könnten.

Prüfen Sie, an welchen Leitbildern sich die beiden Beispiele von »Primanerlyrik« (73, 75) orientieren.

Ist Liebe nicht etwas zu Privates, als daß sie zum Gegenstand publizierter Lyrik werden kann? Welche Epochen lassen einen Hang zum »Exhibitionismus des Gefühls« erkennen?

V. Verfasser- und Quellenverzeichnis

Anonym
1. *Dû bist mîn, ich bin dîn*
2. *Willst du dein Herz mir schenken*
3. *Schätzlein, Schätzlein, ich steh draußen*
Des Minnesangs Frühling. Nach Karl Lachmann, Moritz Haupt u. Friedrich Vogt neu bearb. von Carl von Kraus ^{34}1950. Unveränd. Nachdr. Stuttgart: Hirzel 1967. Übers.: Deutsche Lyrik des Mittelalters. Ausw. u. Übers. von Max Wehrli. Zürich: Manesse 1955. (1)
Ewiger Vorrat deutscher Poesie. Hrsg. von Rudolf Borchardt. Stuttgart: Klett ^{4}1956. (2)
Bayerische Hefte für Volkskunde. Hrsg. vom Bayerischen Landesverein für Heimatschutz. Schriftleitung: Friedrich von der Leyen u. Adolf Spanner. Jg. 1917. S. 133. (3)

Ausländer, Rose (1907–88)
Das Schönste
R. A.: Doppelspiel. Gedichte. In: Lyrikspektrum 7. Köln: Literarischer Verlag Helmut Braun 1977.

Bachmann, Ingeborg (1926–73)
Erklär mir, Liebe
I. B.: Die gestundete Zeit. Anrufung des Großen Bären. München: Piper 1974. (Serie Piper 78.)

Benn, Gottfried (1886–1956)
Auf deine Lider senk ich Schlummer
G. B.: Gesammelte Werke. 4 Bde. Hrsg. von Dieter Wellershoff. Bd. 3: Gedichte. Wiesbaden: Limes Verlag 1960. © Ernst Klett Verlag, Stuttgart.

Brecht, Bertolt (1898–1956)
1. Die Liebenden
2. Sonett Nr. 1
B. B.: Gesammelte Gedichte. 4 Bde. Frankfurt a. M.: Suhrkamp 1976. Bd. 4 (1) Bd. 2. (2)

Brentano, Clemens (1778–1842)
Der Spinnerin Lied
Brentanos Werke, krit. durchges. u. erl. Ausg. 3 Bde. Hrsg. von Max Preitz. Bd. 1. Leipzig: Bibliographisches Institut [1914].

Busch, Wilhelm (1832–1908)
Die Liebe war nicht geringe
W. B.: Werke. Hist.-krit. Gesamtausgabe. 4 Bde. Hrsg. von Friedrich Bohne. Bd. 2. Wiesbaden: Vollmer o. J.

Celan, Paul (1920–70)
Nachts, wenn das Pendel der Liebe schwingt
P. C.: Mohn und Gedächtnis. Gedichte. Stuttgart: Deutsche Verlagsanstalt 1952.

Chamisso, Adelbert von (1781–1838)
Frauen-Liebe und Leben (1)
A. v. Ch.: Gedichte und Versgeschichten. Ausw. u. Nachw. von Peter von Matt. Stuttgart: Reclam 1971 [u. ö.]. (Reclams UB Nr. 313.)

Dietmar von Eist (1139–71 urkundlich bezeugt)
Slâfst du, friedel ziere
Des Minnesangs Frühling (s. unter: Anonym). Übers.: Deutsche Lyrik des Mittelalters. Ausw. u. Übers. von Max Wehrli. Zürich: Manesse 1955.

Eich, Günter (1907–72)
Japanischer Holzschnitt
G. E.: Gesammelte Werke. 4 Bde. Hrsg. von Susanne Müller-Hanpft, Horst Ohde, Heinz F. Schafroth u. Heinz Schwitzke. Bd. 1. Frankfurt a. M.: Suhrkamp 1973.

Eichendorff, Joseph von (1788–1857)
1. Das zerbrochene Ringlein
2. In der Fremde (1)
J. v. E.: Werke. Krit. durchges. u. erl. Ausg. Hrsg. von Richard Dietze. 2 Bde. Leipzig u. Wien: Bibliographisches Institut 1891. Bd. 1.

Enzensberger, Hans Magnus (geb. 1929)
befragung zur mitternacht
H. M. E.: verteidigung der wölfe. Frankfurt a. M.: Suhrkamp 1963.

Falke, Gustav (1853–1916)
Zwei
G. F.: Neue Fahrt. Gedichte. Berlin: Schuster & Loeffler 1897.

Frances, Miriam (geb. 1944)
Ich bin im Mai idiotisch erotisch
M. F.: So ist das. Gedichte. München: Schneekluth 1983.

Fried, Erich (1921–88)
Halten
E. F.: Liebesgedichte. Berlin: Wagenbach 1979. (Quartheft 103.)

Fritz, Walter Helmut (geb. 1929)
Weil du die Tage
W. H. F.: Aus der Nähe. Gedichte 1967–1971. Hamburg: Hoffmann u. Campe 1972.

Geibel, Emanuel (1815–84)
Wenn sich zwei Herzen scheiden
E. G.: Werke. 3 Bde. Hrsg. von Wolfgang Stammler. Bd. 1. Leipzig: Bibliographisches Institut o. J. [1920].

George, Stefan (1868–1933)
Im windes-weben
St. G.: Werke. 2 Bde. Düsseldorf u. München: Küpper 1968. Bd. 1. © Klett-Cotta, Stuttgart.

Gießen, Karl-Heinz (geb. 1945)
Liebesgedicht an Elke
Primanerlyrik/Primanerprosa. Eine Anthologie. Hrsg. von Armin Schmid. Reinbek bei Hamburg: Rowohlt Taschenbuch Verlag 1966. (rororo 795.)

Goethe, Johann Wolfgang (1749–1832)
1. Mit einem gemalten Band
2. Maifest
3. Heidenröslein
4. Römische Elegien (V)
5. Nähe des Geliebten
6. In tausend Formen magst du dich verstecken
7. Der Bräutigam
Goethes Werke. Hamburger Ausgabe. Textkritisch durchges. u. mit Anm. vers. von Erich Trunz. 14 Bde. Hamburg: Wegner 1949. Bd. 1: Gedichte und Epen. (1–5,7). Bd. 2: Gedichte und Epen. (6)

Karoline von Günderode (1780–1806)
Liebe
Gedichte der Romantik. Hrsg. von Wolfgang Frühwald. Stuttgart: Reclam 1984 (Reclams UB Nr. 8230.)

Hagedorn, Friedrich von (1708–54)
Die Küsse
F. v. H.: Gedichte, Hrsg. von Alfred Anger. Stuttgart: Reclam 1968. (Reclams UB Nr. 1321.)

Hahn, Ulla (geb. 1946)
Anständiges Sonett
U. H.: Herz über Kopf. Gedichte. Stuttgart: Deutsche Verlagsanstalt 1981.

Hebbel, Friedrich (1813–63)
Ich und du
F. H.: Gedichte. Eine Auswahl. Mit einem Nachw. von U. Henry Gerlach. Stuttgart: Reclam 1977 [u. ö.]. (Reclams UB Nr. 3231.)

Heine, Heinrich (1797–1856)
1. Daß du mich liebst, das wußt' ich
2. Du bist wie eine Blume
3. Sie saßen und tranken am Teetisch
4. Mir träumte wieder der alte Traum
H. H.: Sämtliche Schriften. 6 Bde. Hrsg. von Klaus Briegleb. Bd. 1. München: Hanser 1968.

Heinrich von Morungen (etwa 1150–1222)
Frouwe, wilt du mich genern
Des Minnesangs Frühling (s. unter: Anonym). Übers.: Deutscher Minnesang. Einf. sowie Ausw. u. Ausg. der mhd. Texte von Friedrich Neumann. Nachdichtung von Kurt Erich Meurer. Stuttgart: Reclam 1954 [u. ö.]. (Reclams UB Nr. 7857.)

Herrosée, Karl Friedrich (1753–1821)
Ich liebe dich
Meisterweisen. Hrsg. von Karl Scheidemantel. Bd. 5. Leipzig: Eulenburg 1913.

Heym, Georg (1887–1912)
Mortuae (Letzte Wache / erste Fassung) und *Letzte Wache*
G. H.: Dichtungen und Schriften. 3 Bde. Hrsg. von Karl Ludwig Schneider. Bd. 1: Lyrik. Hamburg: Ellermann 1964.

Heyse, Paul (1830–1914)
Peregrina (4)
P. H.: Neue Gedichte. Berlin: Hertz ^{2}1897.

Hofmann von Hofmannswaldau, Christian (1617–79)
Beschreibung vollkommener Schönheit
Gedichte des Barock. Hrsg. von Ulrich Maché u. Volker Meid. Stuttgart: Reclam 1980. (Reclams UB Nr. 9975.)

Hofmannsthal, Hugo von (1874–1929)
Die Beiden
H. v. H.: Gedichte. Frankfurt a. M.: Insel Verlag 1970. (Insel Bücherei 461.)

Jacobi, Johann Georg (1740–1814)
Abend
J. G. Jacobi's sämmtliche Werke. 4 Bde. Zürich: Orell Füssli 1845. Bd. 2.

Kästner, Erich (1899–1974)
Sachliche Romanze
E. K.: Lärm im Spiegel. Stuttgart: Deutsche Verlags-Anstalt 1932. © Atrium Verlag, Zürich.

Kirsch, Sarah (geb. 1935)
Dreistufige Drohung

S. K.: Erklärung einiger Dinge. Dokumente und Bilder. Ebenhausen bei München: Langewiesche-Brandt 1978.

Kiwus, Karin (geb. 1942)
Fragile
K. K.: Angenommen später. Gedichte. Frankfurt a. M.: Suhrkamp 1979.

Klopstock, Friedrich Gottlieb (1724–1803)
Das Rosenband
F. G. K.: Oden. Ausw. u. Nachw. von Karl Ludwig Schneider. Stuttgart: Reclam 1966 [u. ö.]. (Reclams UB Nr. 1391.)

Kunze, Reiner (geb. 1933)
Die Liebe
R. K.: gespräch mit der amsel. Frankfurt a. M.: S. Fischer 1984.

Lavant, Christine (1915–73)
Morgen hängst du im Sonnennetz
Ch. L.: Hälfte des Herzens. Darmstadt: Bläschke 1967.

Lessing, Gotthold Ephraim (1729–81)
Die Liebe
G. E. L.: Gesammelte Werke. 2 Bde. Hrsg. von Wolfgang Stammler. Bd. 1. München: Hanser 1959.

Löns, Hermann (1866–1914)
Der Rosengarten
H. L.: Sämtliche Werke. 8 Bde. Hrsg. von F. Castelle. Bd. 2. Leipzig: Hesse & Becker 1924.

Meyer, Conrad Ferdinand (1825–98)
Zwei Segel
C. F. M.: Sämtliche Gedichte. Mit einem Nachw. von Sjaak Onderdelinden. Stuttgart: Reclam 1978. (Reclams UB Nr. 9885.)

Mörike, Eduard (1804–75)
An Luise
E. M.: Sämtliche Werke. Auf Grund der Originaldrucke hrsg. von Herbert G. Göpfert. Nachw. von Georg Britting. München: Hanser ^{3}1964.

Opitz, Martin (1597–1639)
Ach Liebste / laß uns eilen
Gedichte des Barock. Hrsg. von Ulrich Maché u. Volker Meid. Stuttgart: Reclam 1980. (Reclams UB Nr. 9975.)

Piontek, Heinz (geb. 1925)
Von Mund zu Mund
H. P.: Gesammelte Gedichte. Hamburg: Hoffmann u. Campe 1975.

Platen, August von (1796–1835)
Ghaselen (IX)
A. v. P.: Sämtliche Werke. 12 Bde. Hist.-krit. Ausg. mit Einschluß des handschriftlichen Nachlasses. Hrsg. von Max Koch u. Erich Petzet. Bd. 3. Leipzig: Hesse & Becker 1910.

Rilke, Rainer Maria (1875–1926)
Liebes-Lied
R. M. R.: Sämtliche Werke. 6 Bde. Hrsg. vom Rilke-Archiv in Verb. mit Ruth Sieber-Rilke. Bes. durch Ernst Zinn. Bd. 1. Frankfurt a. M.: Insel Verlag 1955.

Ringelnatz, Joachim (1883–1934)
Ich habe dich so lieb
J. R.: Und auf einmal steht es neben dir. Gesammelte Gedichte. Berlin: Henssel 1954.

Rückert, Friedrich (1788–1866)
Ich liebe dich, weil ich dich lieben muß
F. R.: Gedichte. Ausw. u. Nachw. von Johannes Pfeiffer. Stuttgart: Reclam 1963 [u. ö.]. (Reclams UB Nr. 3671.)

Sachs, Nelly (1891–1970)
Geschirmt sind die Liebenden
Fahrt ins Staublose. Die Gedichte der Nelly Sachs. Frankfurt a. M.: Suhrkamp 1961.

Schlegel, Johann Elias (1719–49)
Liebe im Herzen
Lyrische Signaturen. Hrsg. von Walter Urbanek. Bamberg: Buchners Verlag ^{2}1981. (texte 14.)

Schubart, Christian Friedrich Daniel (1739–91)
Die Forelle
Ch. F. D. Sch.: Gedichte. Aus der »Deutschen Chronik«. Hrsg. von Ulrich Karthaus. Stuttgart: Reclam 1978. (Reclams UB Nr. 1821.)

Stadler, Ernst (1883–1914)
Anrede
E. St.: Dichtungen. 2 Bde. Hrsg. von Karl Ludwig Schneider. Bd. 1. Hamburg: Ellermann, o. J. [1954].

Stramm, August (1874–1915)
Untreu
A. St.: Dein Lächeln weint. Gesammelte Gedichte. Wiesbaden: Limes Verlag 1956.

Theobaldy, Jürgen (geb. 1944)
Schnee im Büro
J. Th.: Zweiter Klasse. Gedichte. Berlin: Rotbuch Verlag 1976. (Rotbuch 148.)

Unzer, Johanne Charlotte (1725–82)
Unterschied im Antworten
[Anonym:] Versuch in Scherzgedichten. Dritte, veränderte Aufl. Halle 1766. Zitiert nach: Deutsche Dichterinnen vom 16. Jahrhundert bis zur Gegenwart. Hrsg. von Gisela Brinker-Gabler. Frankfurt a. M.: Fischer Taschenbuch Verlag 1978. (Fischer Taschenbuch 1994.)

Uz, Johann Peter (1720–96)
Ein Traum
J. P. U.: Sämtliche Poetische Werke. Hrsg. von August Sauer. Darmstadt: Wissenschaftliche Buchgesellschaft 1964. Reprogr. Nachdr. der Ausg. Stuttgart 1890. (Deutsche Literaturdenkmale des 18. und 19. Jahrhunderts 33–38.)

Volkmann-Leander, Richard (1830–89)
In der Früh', wenn die Sonne kommen will
R. V.-L.: Sämtliche Werke in einem Band. Leipzig: Breitkopf & Härtel 1899.

Walther von der Vogelweide (um 1170–um 1230)
Under der linden
W. v. d. V.: Gedichte, ausgew. u. übers. von Peter Wapnewski. Frankfurt a. M.: Fischer Taschenbuch Verlag 1962. (Fischer Taschenbuch 6052.)

Weiße, Christian Felix (1726–1804)
Der Kuß
Kleine lyrische Gedichte von C. F. Weisse. Th. 1. Wien: Schrämbl 1793.

Willemer, Marianne (1784–1860)
Ach, um deine feuchten Schwingen
Siehe unter: Goethe. Bd. 2.

Zimmermann, Helga (geb. 1947)
Vergleich
Primanerlyrik/Primanerprosa. Eine Anthologie. Hrsg. von Armin Schmid. Reinbek bei Hamburg: Rowohlt Taschenbuch Verlag 1966. (rororo 795.)

VI. Literaturhinweise

1. Anthologien deutscher Liebesgedichte

Bobrowski, Johannes (Hrsg.): Wer mich und Ilse sieht im Grase. Deutsche Dichter des 18. Jahrhunderts über die Liebe und das Frauenzimmer. Hanau: Müller & Kiepenheuer 1969.

Borchers, Elisabeth (Hrsg.): Das Buch der Liebe. Gedichte und Lieder. Frankfurt a. M.: Insel Verlag ^{6}1980. (insel taschenbuch 82.)

Brambach, Rainer (Hrsg.): Moderne deutsche Liebesgedichte. Von Stefan George bis zur Gegenwart. Zürich: Diogenes Verlag 1980. (Diogenes Taschenbuch 216.)

Brandl, Bruno (Hrsg.): An dem kleinen Himmel meiner Liebe. Heiter-amouröse Dichtung. Berlin [Ost]: Verlag der Nation 1979.

Brinkmann, Hennig (Hrsg.): Liebeslyrik der deutschen Frühe in zeitlicher Folge. Düsseldorf: Schwann 1952.

Brückner, Christine (Hrsg.): Botschaften der Liebe. Deutsche Liebesgedichte des 20. Jahrhunderts. Frankfurt a. M.: Propyläen-Verlag 1960.

Hopf, Andreas u. Angelika (Hrsg.): Die schönsten deutschen Liebesgedichte. München: Heyne 1981. (Heyne Ex Libris 008/09.)

Fischer, Werner A. (Hrsg.): Schönster Schatz auf Erden. Liebeslieder aus neun Jahrhunderten. München: Osang Verlag 1966.

Hans, Jan (Hrsg.): Aber besoffen bin ich von dir. Liebesgedichte. Reinbek bei Hamburg: Rowohlt 1979. (rororo-panther 4456.)

Harnisch, Ingeborg (Hrsg.): Ich denke dein. Deutsche Liebesgedichte. Berlin [Ost]: Verlag der Nation ^{4}1980.

Heiseler, Bernt von (Hrsg.): Anrede. Eine Auswahl deutscher Liebesgedichte. Stuttgart: Steinkopf 1965.

Heuschele, Otto (Hrsg.): Verse der Liebe. Stuttgart: Günther o. J.

Jokostra, Peter (Hrsg.): Keine Zeit für die Liebe? Moderne deutsche Liebeslyrik. Wiesbaden: Limes Verlag 1964.

Kemp, Friedhelm (Hrsg.): Deutsche Liebesdichtung aus achthundert Jahren. München: Kösel 1960.

Kindler, Nina (Hrsg.): Liebe. Liebesgedichte deutscher, österreichischer und Schweizer Autoren vom 16. Jahrhundert bis zur Gegenwart. München: Kindler 1980.

Nötzoldt, Fritz (Hrsg.): Wie einst im Mai. Schmachtfetzen hauptsächlich aus der Plüsch- und Troddelzeit. München: Deutscher Taschenbuch Verlag 1966. (dtv 391.)

Strich, Christian (Hrsg.): Deutsche Liebesgedichte. Die hundert schönsten deutschen Liebesgedichte von Walther von der Vogelweide bis Gottfried Keller. Zürich: Diogenes Verlag 1978. (Diogenes Mini-Taschenbuch 8.)

Voß, Hartfrid (Hrsg.): Sprache der Liebenden. Liebesgedichte alter und neuer Zeit. Ebenhausen bei München: Langewiesche-Brandt ^{7}1944.

Voß, Hartfrid (Hrsg.): Lyrische Kardiogramme. Liebesgedichte von heute. Ebenhausen bei München: Voß 1960.

Wagener, Hans (Hrsg.): Deutsche Liebeslyrik. Stuttgart: Reclam 1982. (Reclams UB Nr. 7759.)

2. *Sekundärliteratur*

Domin, Hilde: Wozu Lyrik heute? Dichtung und Leser in einer gesteuerten Gesellschaft. München: Piper ^{4}1981. (Serie Piper 65.)

Eisenbeiß, Ulrich: Zeitgenössische Liebeslyrik. In: Neun Kapitel Lyrik. Hrsg. von Gerhard Köpf. Paderborn: Schöningh 1984.

Gnüg, Hiltrud: Schlechte Zeit für Liebe – Zeit für bessere Liebe? Das Thema Partnerbeziehungen in der gegenwärtigen Lyrik. In: Michael Zeller (Hrsg.), Aufbrüche: Abschiede. Studien zur deutschen Literatur seit 1968. Stuttgart: Klett 1979. (Literaturwissenschaft – Gesellschaftswissenschaft 43.)

Hannöver, Emmy: Moderne Liebeslyrik im Unterricht. In: Der Deutschunterricht 17 (1965) Heft 4, Seite 54–75.

Horst, Eberhard: Wandlungen der Liebeslyrik. In: Neue deutsche Hefte 86 (1962) S. 110–115.

Kaschnitz, Marie Luise: Liebeslyrik heute. In: Universitas 18 (1963) S. 1271–82.

Krolow, Karl: Die Beschaffenheit des modernen Liebesgedichts. In: K. K., Aspekte zeitgenössischer deutscher Lyrik. Gütersloh: Mohn 1961. S. 55–81.

Lobentanzer, Hans: Gedichtinterpretation. Grundlagen – Beispiele – Übungen, Sekundarstufe II / Abitur. München: Ehrenwirth ^{2}1988.

Matthes, Ingrid: Vorzüge und Problematik des literarischen Längsschnitts. Deutsche Liebeslyrik zwischen dem 12. und dem 20. Jahrhundert. In: Der Deutschunterricht 27 (1975) Heft 4, S. 49–69.

Stahl, August: Die Liebe im Schlager und in der modernen Lyrik. In: Der Deutschunterricht 29 (1977) Heft 5, S. 66–78.

Zirbs, Wieland: Zeitgenössische Lyrik im Deutschunterricht der Jahrgangsstufe 11. In: Anregung 32 (1986) Heft 2, S. 71–81.

Gedichte und Interpretationen

IN RECLAMS UNIVERSAL-BIBLIOTHEK

Band 1: Renaissance und Barock. 416 S. UB 7890
Band 2: Aufklärung und Sturm und Drang. 464 S. UB 7891
Band 3: Klassik und Romantik. 464 S. UB 7892
Band 4: Vom Biedermeier zum Bürgerlichen Realismus. 448 S. UB 7893
Band 5: Vom Naturalismus bis zur Jahrhundertmitte. 428 S. UB 7894
Band 6: Gegenwart I. 430 S. UB 7895
Band 7: Gegenwart II. 342 S. UB 9632

Deutsche Balladen. 473 S. UB 8457
Gedichte von Gottfried Benn. 250 S. UB 17501
Gedichte von Bertolt Brecht. 195 S. UB 8814
Gedichte von Paul Celan. 241 S. UB 17518
Gedichte von Joseph von Eichendorff. 140 S. UB 17528
Gedichte von Theodor Fontane. 296 S. UB 17515
Gedichte von Erich Fried. 170 S. UB 17507
Gedichte von Johann Wolfgang Goethe. 320 S. UB 17504
Gedichte von Heinrich Heine. 268 S. UB 8815
Gedichte von Friedrich Hölderlin. 224 S. UB 9472
Gedichte von Ernst Jandl. 173 S. UB 17519
Gedichte von Eduard Mörike. 182 S. UB 17508
Gedichte von Rainer Maria Rilke. 248 S. UB 17510
Gedichte von Friedrich Schiller. 324 S. UB 9473
Gedichte von Georg Trakl. 222 S. UB 17511
Liebesgedichte der Gegenwart. 173 S. UB 17520

Philipp Reclam jun. Stuttgart